Brigitte Sticken

Brigitte
K R E A T I V

Sticken

10 verschiedene Techniken.
Viele wunderschöne Geschenke.

Von Ariane Heyduck und Kathrin Behrens

Ein Brigitte-Buch
im Mosaik Verlag

Die Autorinnen:
Kathrin Behrens studierte Mode-Design in Hamburg und ist seither Redakteurin bei Brigitte. Ihr Fachgebiet: Entwurf und Erarbeitung von Handarbeitsthemen.

Ariane Heyduck studierte Mode an der Werkkunstschule in Hamburg und machte ihren Meister im Schneiderhandwerk. Seit vielen Jahren ist sie als Brigitte-Redakteurin Spezialistin für alle Handarbeitstechniken.

Impressum
Fotos: Ortwin Möller (23), R. M. Nüttgens (38)
Gestaltung: Meyer, Blunck & Sennewald
Herausgeberin: Anne Volk
Lektorat: Marita Heinz
Produktion: Bernd Bartmann, Druckzentrale G + J
DTP: Rainer Sennewald
Lithografie: Bütehorn GmbH, Hannover
Druck: Paderborner Druck Centrum, Paderborn

5 4 3 2 1
Printed in Germany

ISBN 3-576-02588-X

INHALT

Farbe
3204
10 m
100 % Schurwolle · Laine
Wool · Lana

DAS BRAUCHEN SIE ZUM STICKEN

Ein schönes Handarbeitsergebnis hängt nicht nur von Ihrer Kreativität und Geschicklichkeit ab. Wichtig ist auch, daß der Stoff, den Sie besticken möchten, das Stickgarn und die Stickart, für die Sie sich entscheiden, gut aufeinander abgestimmt sind. Außerdem brauchen Sie das richtige Werkzeug: passende Nadeln, eine spitze Schere, einen Stickrahmen und – wenn Sie Löcher sticken wollen – einen Pfriem. Lineal, Zentimetermaß, Bleistift und Kugelschreiber sollten griffbereit sein.

HANDARBEITSSTOFFE

Sie können fast jeden Stoff besticken. Handarbeitsstoffe haben meist ein auszählbares Gewebe. Sie erleichtern Ihnen die Arbeit (sind aber zum Beispiel für Weißstickerei nicht geeignet). Auf dem Foto auf Seite 6/7 sehen Sie einige dieser Stoffe: Siebleinen, Schülertuch, Hardangerstoff und andere Gewebe in Flechtbindung. Stramin ist ein loses Baumwoll-, Leinen- oder Halbleinengewebe, das nur durch eine Appretur zusammenhält. Dieses Material wird vorwiegend für Kreuzstich- und Gobelinarbeiten verwendet und ganzflächig überstickt. Sie können einfädigen oder zweifädigen Stramin in verschiedenen Stärken kaufen. Je feiner das Stramingewebe, desto kleiner werden die Stiche. Auf Stoffe, die kein auszählbares Gewebe haben, wird Stramin oft als Hilfsmittel geheftet, zum Beispiel bei Kreuzsticharbeiten. Die fertige Stickerei und der überstehende Stramin werden dann angefeuchtet, und die Straminfäden können mit einer Pinzette herausgezogen werden. Organza ist eine Gaze aus reiner Seide. Sie wird als Hilfsstoff verwendet, wenn Stoffe mit rauher Oberfläche bestickt werden sollen (zum Beispiel Frottee). In den Anleitungen dieses Buchs steht genau, wann Sie welche Hilfsmittel benutzen sollten und wie's gemacht wird.

STICKGARN

Entscheidend für Ihre Stickerei ist, daß das Stickgarn zu dem Stoff paßt, den Sie besticken wollen. Die Stärke des Garns richtet sich einmal danach, wie fein die Stickerei werden soll und zum anderen danach, ob der Grundstoff völlig überstickt wird. Die gebräuchlichsten Stickgarne sind auf dem Foto Seite 6/7 abgebildet:

- ganz dünnes Baumwollgarn
- Sticktwist (besteht aus sechs dünnen Fäden und läßt sich teilen)
- Mattstickgarn (locker gedrehter, dickerer Baumwollfaden)
- Perlgarn (gedrehter, glänzender Baumwollfaden in verschiedenen Stärken)
- dünnes, weiches Wollstickgarn (Taubenzephir)
- dickes Wollstickgarn (Kelimgarn)
- Quiltgarn (dünner, sehr fester Baumwollfaden)
- Silber- und Goldgarn (in verschiedenen Stärken)

Beim Sticken sollten Sie keinen Knoten in den Faden machen. Lassen Sie ihn so lang hängen, daß Sie ihn in der fertigen Arbeit gut vernähen können.

STICKNADELN

Für das Sticken auf zählbarem Gewebe und auf Stramin gibt es stumpfe Sticknadeln, die leicht zwischen den Gewebefäden hindurchgleiten. Für andere Stoffe, auch für solche, bei denen Sie Stramin als Hilfsmittel benutzen, sind nur spitze Nadeln geeignet. Die Dicke der Nadeln wird natürlich durch den Arbeitsfaden bestimmt: Er muß bequem durch das Nadelöhr zu fädeln sein.

STICKRAHMEN

Bei fast allen Sticktechniken ist es sehr viel einfacher, gleichmäßig zu sticken, wenn Sie den Grundstoff in einem Stickrahmen straff spannen.

SO BRINGT MAN MOTIVE AUF DEN STOFF

Da Stoffe unterschiedliche Strukturen haben, ergeben sich auch verschiedene Möglichkeiten, die Konturen der Stickmotive auf den Stoff zu bringen. Sie sollten ausprobieren, welche Methode sich für den Stoff, den Sie besticken wollen, am besten eignet, wie die Linien des Motivs am deutlichsten werden.

Erst einmal muß die Musterzeichnung aus dem Buch mit Bleistift auf Pergamentpapier durchgezeichnet werden. Entweder: Legen Sie diese Zeichnung nun auf den zu bestickenden Stoff (dabei auf die richtige Plazierung achten), schieben Schneiderkopierpapier dazwischen und ziehen die Linien auf dem Papier mit Kugelschreiber sorgfältig nach. Dann besprühen Sie die Konturen auf dem Stoff mit umweltfreundlichem Fixativspray, damit die Linien beim Sticken nicht verwischen.

Oder: Zeichnen Sie das Motiv mit Bleistift auf weißen Organza durch und besprühen ihn mit Fixativspray. Sie können ein Muster auch mit farbigen Filzstiften auf Organza zeichnen. So bekommen Sie einen Eindruck, ob die Farbidee Ihnen auch wirklich gefällt. Dann heften Sie den Organza auf den Stoff.

Der Organza muß rund um das Motiv mindestens so groß sein, daß er gut in einen Stickrahmen paßt. Später wird er knapp neben der fertigen Stickerei abgeschnitten, und die restlichen Organzafäden werden mit einer Pinzette ausgezupft. Wollstoffe, Samt und Frottee lassen sich nur auf diese Weise gut besticken. Für Leinen, Halbleinen, Baumwolle und Seide, deren Oberfläche meist glatt ist, eignet sich die zuerst beschriebene Methode. Für Weißstickerei benutzt man keinen Organza. Man kann aber auch mit einem Bügelstift alles auf Pergamentpapier zeichnen und auf glatten Stoff bügeln. Beachten Sie dabei die Anweisung auf der Verpackung. Sie machen am besten eine Probe, damit das Motiv seitenrichtig erscheint.

Diese lustigen Teddys auf Pergamentpapier durchzeichnen, auf einen Stoff übertragen (sie

ite 9) und im Vorstich sticken.

1. KAPITEL

VORSTICH

Stielstich

Spannstich

VORSTICH

Der Vorstich macht den Anfang unserer Stickschule, denn er ist der einfachste aller Stiche. Bestickt werden können alle Stoffe, auf denen eine kleine grafische Stickerei gut aussieht. Als Stickmaterial sind alle gebräuchlichen Stickgar-

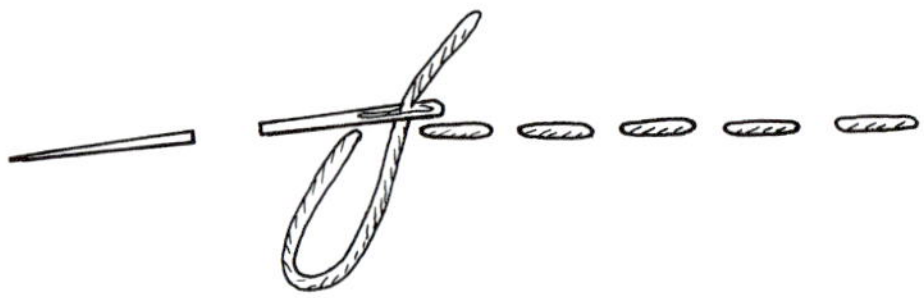

ne geeignet. Wie man eine Musterzeichnung auf den Stoff bekommt, ist auf Seite 9 beschrieben. Aber schon durch einige nebeneinanderliegende Linien, auf denen unterschiedlich lange Stiche in verschiedenen Farben versetzt angeordnet sind, entstehen schöne einfache Bordüren.

Der Vorstich wird von rechts nach links gearbeitet.

Man verwendet ihn auch beim Quilten (siehe Seite 156) und zum Markieren und Unterlegen von Langetten- und Plattstichstickereien, wenn die Muster besonders plastisch erscheinen sollen.

STIELSTICH

Der Stielstich ist am gebräuchlichsten zum Besticken von Linien und eignet sich besonders gut bei geschwungenen Konturzeichnungen. Er läßt sich nicht nur auf auszählbaren Geweben, sondern auf sämtlichen Stoffen mit allen üblichen Stickgarnen gut arbeiten. Wie man eine Musterzeichnung auf den Stoff bekommt, steht auf Seite 9.

Der Stielstich wird von links nach rechts gestickt. Von unten durch den Stoff stechen, einige Gewebeflächen nach rechts übergehen, einstechen, die Hälfte der übergangenen Fäden nach links auffassen und wieder nach oben ausstechen. Der Faden liegt dabei nach unten auf der Arbeit.

Der Stielstich wird oft in Verbindung mit der Plattstichstickerei verwendet.

SPANNSTICH

Spannstiche lassen sich gut mit anderen Sticktechniken kombinieren. Sie können als Gruppe waagerecht, senkrecht oder strahlenförmig angeordnet werden. Der Spannstich läßt sich auf allen auszählbaren Geweben und auf vielen anderen Stoffarten leicht sticken. Alle gebräuchlichen Stickgarne sind gut zu verwenden, wenn Sie zum Stoff passen. Wie man Muster auf einen Stoff zeichnet, steht auf Seite 9.

Von unten nach oben durch das Gewebe ausstechen, in der gewünschten Stichlänge wieder einstechen. Dann den Stich in optisch gutem Abstand wiederholen. Es ist wichtig, daß der Spannstich, dem Stoff entsprechend, nicht zu lang und zu locker gearbeitet wird.

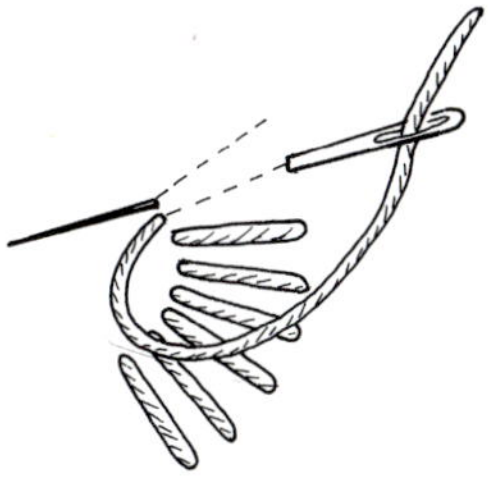

Zum Kochen und Backen: schnell bestickte Topfhandschuhe

15

TOPFHANDSCHUHE

MATERIAL: 1 Paar wattierte weiße Topfhandschuhe; 1 Docke blaues Mattstickgarn; 2 mal 18 x 20 cm weißen Organza und Pergamentpapier. Beim Kauf der Handschuhe darauf achten, daß die Zeichnung auf die Handrücken paßt!

SO WIRD'S GEMACHT: Die Zeichnung auf je ein Organzateil übertragen, wie auf Seite 9 beschrieben, und auf die Handrücken heften (beim linken Handschuh seitenverkehrt).

Nun mit kleinen Vorstichen alle Linien nachsticken. Dabei nicht durch die Wattierung stechen, nur die obere Stofflage erfassen. Die Augen bekommen jeweils ein Knötchen (siehe Seite 66). Zum Schluß den Organza rund um die Stickereien abschneiden, restliche Fäden mit einer Pinzette auszupfen.

Ob auf Servietten oder Handtüchern: Efeu sieht immer frisch aus

SERVIETTE MIT EFEURANKE

MATERIAL: 1 weiße Serviette; 1 Docke grüner Sticktwist und Pergamentpapier.

SO WIRD'S GEMACHT: Das Efeumotiv auf eine Ecke der Serviette übertragen, wie auf Seite 9 beschrieben. Mit geteiltem Faden (3fädig) alle Linien im Stielstich nachsticken.

Für edle Wäsche: ein Beutel mit Jugendstilmotiv

19

WÄSCHEBEUTEL

MATERIAL: 1,17 m naturweißes Leinen, 38 cm breit; je 1 Docke Sticktwist in Graublau, Mohnrot und Lachs; 2 m dünne Kordel und Pergamentpapier.

SO WIRD'S GEMACHT: Der Wäschebeutel hat eine fertige Größe von 35 x 50 cm. Alle Schnittkanten versäubern und der Breite nach zur Hälfte legen. Nun das

Motiv mit dem Schriftzug auf Pergamentpapier durchzeichnen. Diese Musterzeichnung so auf den Stoff stecken, daß später die fertige Stickerei 7 cm vom unteren Bruch und 5 cm von der linken Schnittkante beginnt. Alles mit Schneiderkopierpapier auf den Stoff übertragen, wie auf Seite 9 beschrieben. Das Motiv mit geteiltem Faden (3fädig) im Stielstich sticken: die Blätter, die Kapsel und die Außenlinien der Knospe in Graublau, die Blüte und die Innenlinien der Knospe in Rot, den Schriftzug in Lachs. Sie können den Schriftzug auch in einen Stickrahmen spannen und die Buchstaben mit geteiltem Faden (2fädig) im Plattstich (siehe Seite 96) aussticken. Nun die Seitennähte mit 1,5 cm breiter Nahtzugabe steppen, die Nähte auseinanderbügeln. Die obere Kante 8,5 cm breit nach innen einschlagen und 5 cm von diesem Bruch aus einen 2 cm breiten Durchzug steppen. Die Seitennähte an diesen Stellen jetzt etwas auftrennen. Die Kordel in der Mitte durchschneiden, von jeder Seitennaht ein Teil einziehen und zusammenknoten.

TISCHDECKE MIT GÄNSEBLÜMCHEN

MATERIAL: blau-weiß gestreifter Baumwollstoff in der gewünschten Deckengröße, zum Einfassen passender weißer Baumwollstoff; für 40 Blüten je 1 Docke Mattstickgarn in Grün und Gelb, 3 Docken in Weiß; 15 cm Organza, 100 cm breit; Pergamentpapier.

SO WIRD'S GEMACHT: Den gestreiften Stoff mit einer 4 cm breiten weißen Blende einfassen. Ecken als Briefecken (siehe Seite 108) arbeiten. Die Blüte auf das Pergamentpapier zeichnen und so oft auf Organza übertragen (siehe Seite 9), daß bei gleichmäßigem Abstand in 2 Reihen zusammen 40 Blüten aufgezeichnet sind. Den Organza Blüte für Blüte auseinanderschneiden und beliebig auf der Tischdecke verteilen, aufheften und alles im Spannstich sticken. Die Blüten in Weiß, die Blütenmitte in Gelb und die Stiele und Blätter in Grün. Zum Schluß den Organza rund um die Blüten abschneiden, die restlichen Fäden mit einer Pinzette auszupfen.

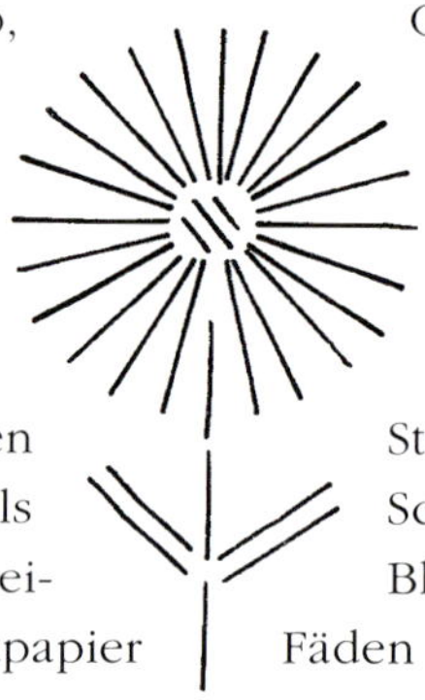

Holen Sie den Sommer auf den Tisch – mit Gänseblümchen im Spannstich

Bei diesem Kissen mit Monogramm weiß der Beschenkte genau, an wen Sie beim Stic

…dacht haben (Anleitung Seite 53).

2. KAPITEL

KREUZSTICH

Gobelinstich

Perlstich (Petit Point)

Kelimstich

Sternstich

KREUZSTICH

Der klassische Kreuzstich wird sehr häufig verwendet. Er ist eine fadengebundene Technik, d. h. man zählt die Stiche einer Stickvorlage entsprechend auf dem Gewebe aus. Das setzt ein auszählbares Gewebe voraus, dessen Fäden waagerecht und senkrecht den gleichen Abstand voneinander haben. (Weichen diese Abstände in Höhe und Breite ab, werden die gestickten Kreuzchen entweder schmal oder breit.) Bei einer Kreuzstichstickerei wird das Gewebe voll überstickt.

Soll ein Stoff bestickt werden, der sich nicht auszählen läßt, zum Beispiel Frottee, so heftet man Stramin darauf fest. Es gibt ihn von ganz fein bis sehr grob (siehe Seite 8). Je feiner der Stramin, um so kleiner werden die Kreuze. Markieren Sie die Größe der Stickerei mit Bleistift auf dem Stramin, und schneiden Sie ihn ca. 4 cm größer zu.

Nun wird er auf die zu bestickende Stelle des Stoffes geheftet. Hat der Stoff einen sichtbaren Fadenlauf, muß der des Stramins diesem entsprechen. Beim Übersticken dürfen Sie den Stramin nicht mit der Nadel anstechen, denn zum Schluß werden die Straminfäden einzeln aus der Stickerei herausgezogen. (Zu diesem Zweck wird die Arbeit angefeuchtet, damit sich die Appretur des Stramins löst.)

Am gebräuchlichsten für Kreuzstichstickerei sind Perlgarn, mattes Baumwollgarn und vor allem Sticktwist. Twist ist aus 6 Fäden gedreht und läßt sich für kleine Kreuzchen sehr gut teilen.

Der Kreuzstich besteht aus zwei Stichen: einem Unterstich (Zeichnung 1), der von links unten nach rechts oben verläuft und einem Oberstich (Zeichnung 2), von rechts unten nach links oben. Alle Unter- und Oberstiche müssen die gleiche Richtung haben. Kreuzstiche werden reihenweise gearbeitet. Zuerst führt man alle Unterstiche einer Reihe von links nach rechts aus. Danach geht man mit allen Oberstichen auf der Reihe von rechts nach links zurück. Senkrechte Reihen werden von unten nach oben und wieder zurück gearbeitet (Zeichnung 3 und 4). Bei diagonalen Linien wird jedes Kreuzchen einzeln gestickt (Zeichnung 5 bis 8).

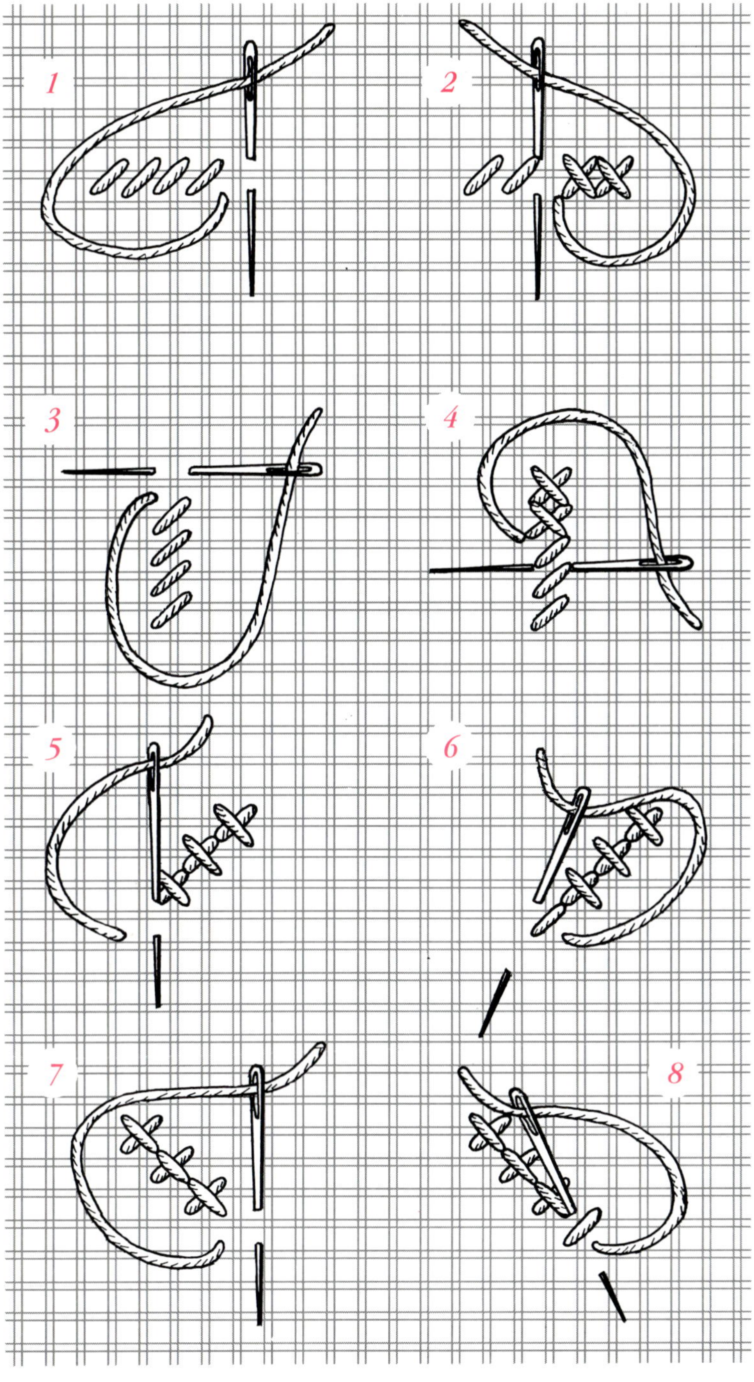
1
2
3
4
5
6
7
8

GOBELINSTICH

Der einfache Gobelinstich ist ein halber Kreuzstich, und man arbeitet ihn hauptsächlich mit Sticktwist, mattem Baumwollgarn oder Stickwolle. Stickgrund ist entweder zweifädiger Stramin (siehe Seite 8) oder ein auszählbarer Stoff. Ein Stich wird mindestens über zwei Fäden in der Höhe und Breite gestickt. Der Stich läuft grundsätzlich in eine Richtung von links unten nach rechts oben. Wie auch beim Kreuzstich ist dabei wichtig, daß die dicht aneinanderliegenden Stiche, den Stickgrund vollständig bedecken.

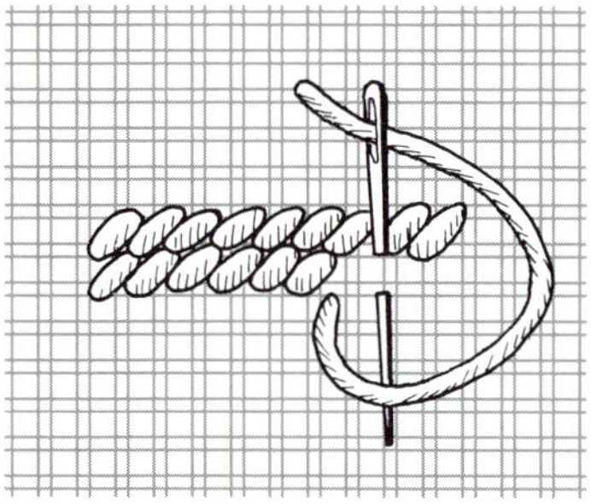

PERLSTICH

Der Perlstich wird auch „Petit Point" genannt. Man verwendet ihn für ganz feine Gobelinarbeiten. Er wird mit Sticktwist (1- oder 2fädig) über einfädigem Stramin (siehe Seite 8) gearbeitet.

Die Stiche auf der Oberseite der Arbeit verlaufen alle in eine Richtung: von links unten nach rechts oben.

Auf der Rückseite der Stickerei erscheinen die Stiche schräger. Die Arbeit wird dadurch fest und haltbar.

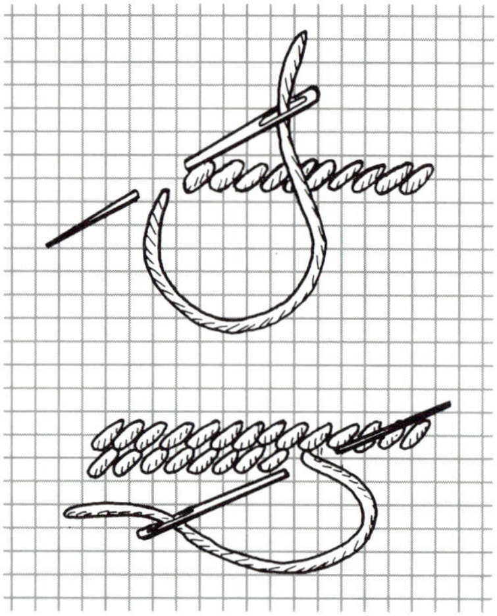

KELIMSTICH

Beim Kelimstich wird Reihe für Reihe in wechselnder Richtung gestickt. Dadurch entsteht der Eindruck einer glatt rechts gestrickten Oberfläche, die quer verläuft. Der Stich wird mit Stickwolle oder mattem Baumwollgarn über zweifädigem Stramin (siehe Seite 8) gearbeitet. Wie bei allen „halben Kreuzstichen" müssen auch hier die dicht aneinanderliegenden Stiche den Grundstoff ganz bedecken.

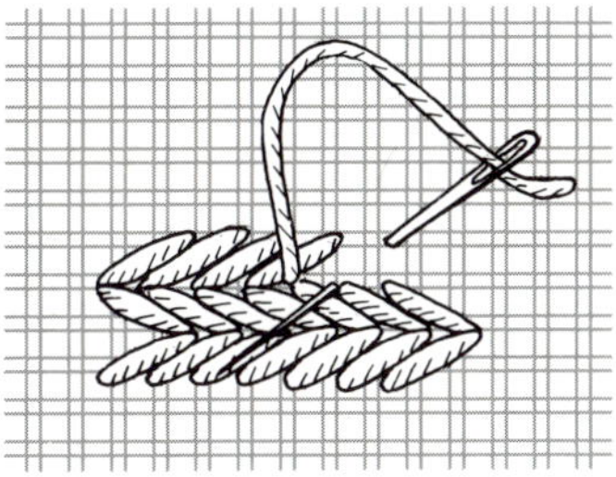

STERNSTICHE

Hier werden Kreuzstiche zu Sternen. Bei nicht auszählbarem Gewebe arbeitet man Sternstiche immer über zweifädigem Stramin, der auf den Stoff geheftet ist (siehe Seite 8). Er wird später mit dem Stoff zusammen angefeuchtet, damit sich die Appretur löst. Dann werden die Straminfäden mit einer Pinzette ausgezogen. Bei Stoffen mit auszählbarem Gewebe (zum Beispiel Schülertuch), muß die Zahl der waagerechten und senkrechten Fäden, über die gestickt wird, durch 2 teilbar sein.

Der einfache Sternstich besteht aus einer Kreuzstichreihe, bei der jedes Kreuzchen mit einem zweiten überstickt wird, und zwar mit einem senkrechten und einem waagerechten Stich. Eine zusätzliche Wirkung ergibt sich, wenn Sie die zweite Kreuzstichreihe in einer anderen Farbe sticken.

Der gleichseitige und versetzte Sternstich, der einfache und versetzte Eisblumenstich und der Reisstich sind Abwandlungen von Sternstichen. Sie können in verschiedenen Farben Flächen ausfüllen oder auch als Bordüren gearbeitet werden.

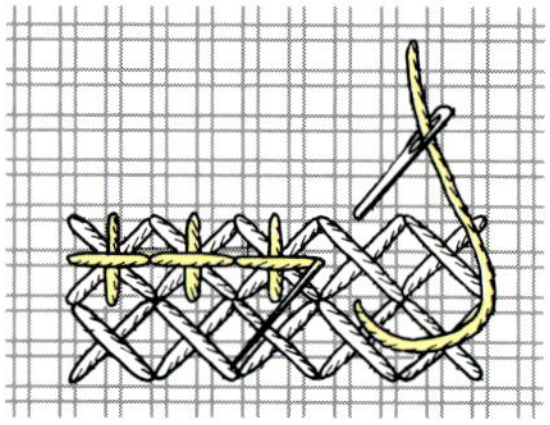

Einfacher Sternstich

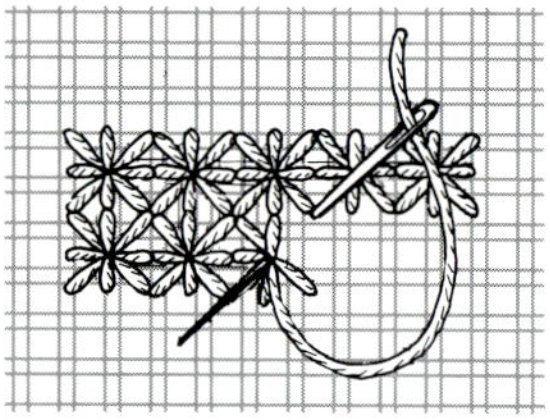

Gleichseitiger Sternstich

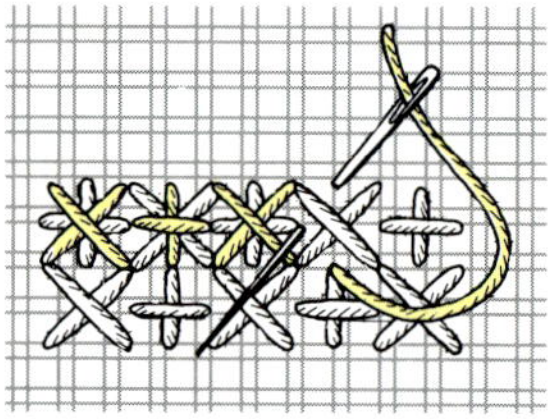

Versetzter Sternstich

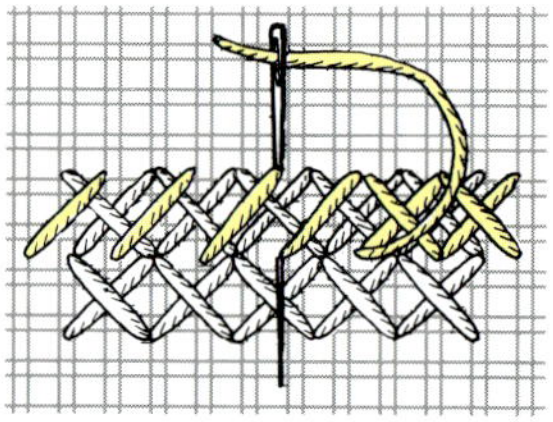

Reisstich

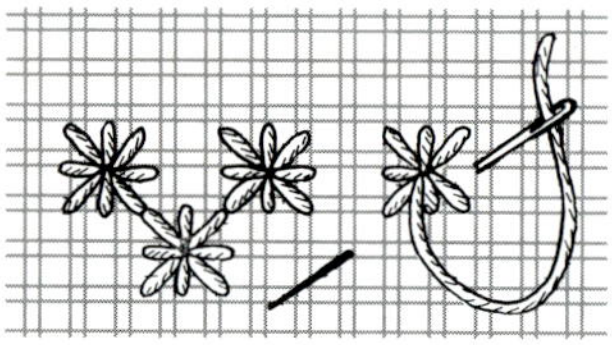

Einfacher Eisblumenstich

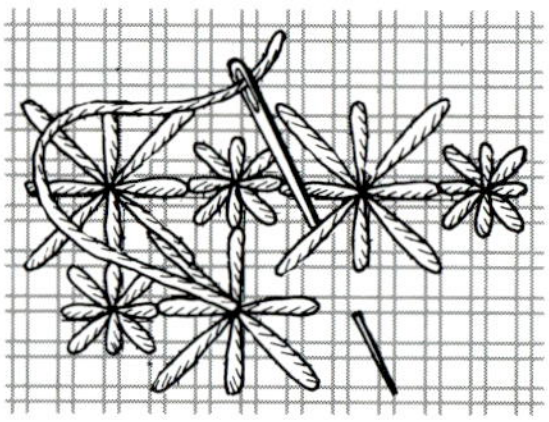

Versetzter Eisblumenstich

Sternstiche in vielen Variationen sind die Grundlage für ein Kissen

Ein Geschenk für den „Hahn im Korb": Schürze aus einem Küchenhandtuch

MATERIAL: 1 schwarz-grau kariertes Küchenhandtuch (ca. 42 x 80 cm groß); 1 Docke rotes Perlgarn Stärke 5; 25 x 25 cm Stramin (40 Stiche auf 10 cm) und 2,50 m rotes Nahtband, 3 cm breit.

SO WIRD'S GEMACHT: In dem Handtuch der Länge nach die Mitte markieren. Den Stramin Mitte auf Mitte so auf das Handtuch heften, daß das fertige Motiv später 8 cm unterhalb der oberen Kante

SCHÜRZE MIT HAHN

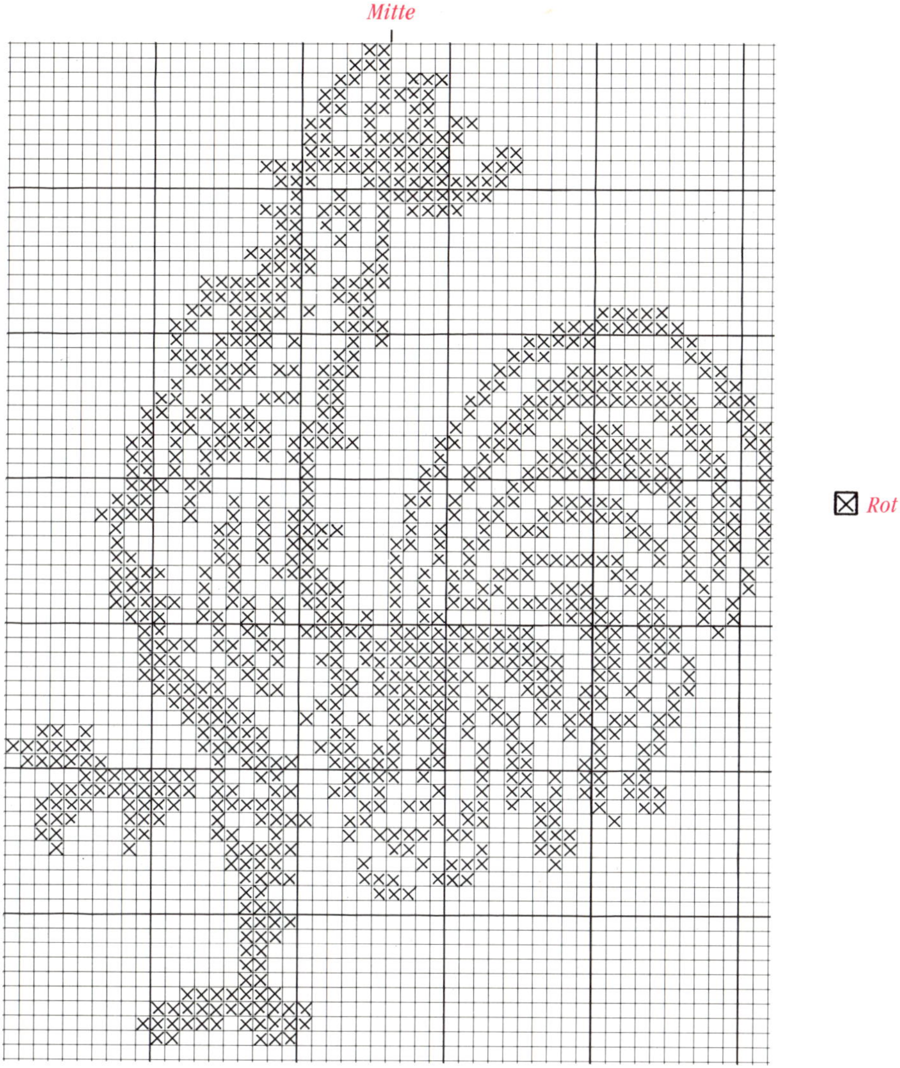

beginnt. Den Hahn im Kreuzstich aufsticken, dabei die Mitte beachten.

Nach dem Sticken den Stramin anfeuchten und die Fäden mit einer Pinzette auszupfen. Nun die beiden oberen Ecken ca. 10 cm einschlagen. In Taillenhöhe und an der oberen Kante rotes Nahtband als Bindebänder annähen.

TISCHDECKE UND SERVIETTEN MIT WEINLAUB

FOTO SEITE 34

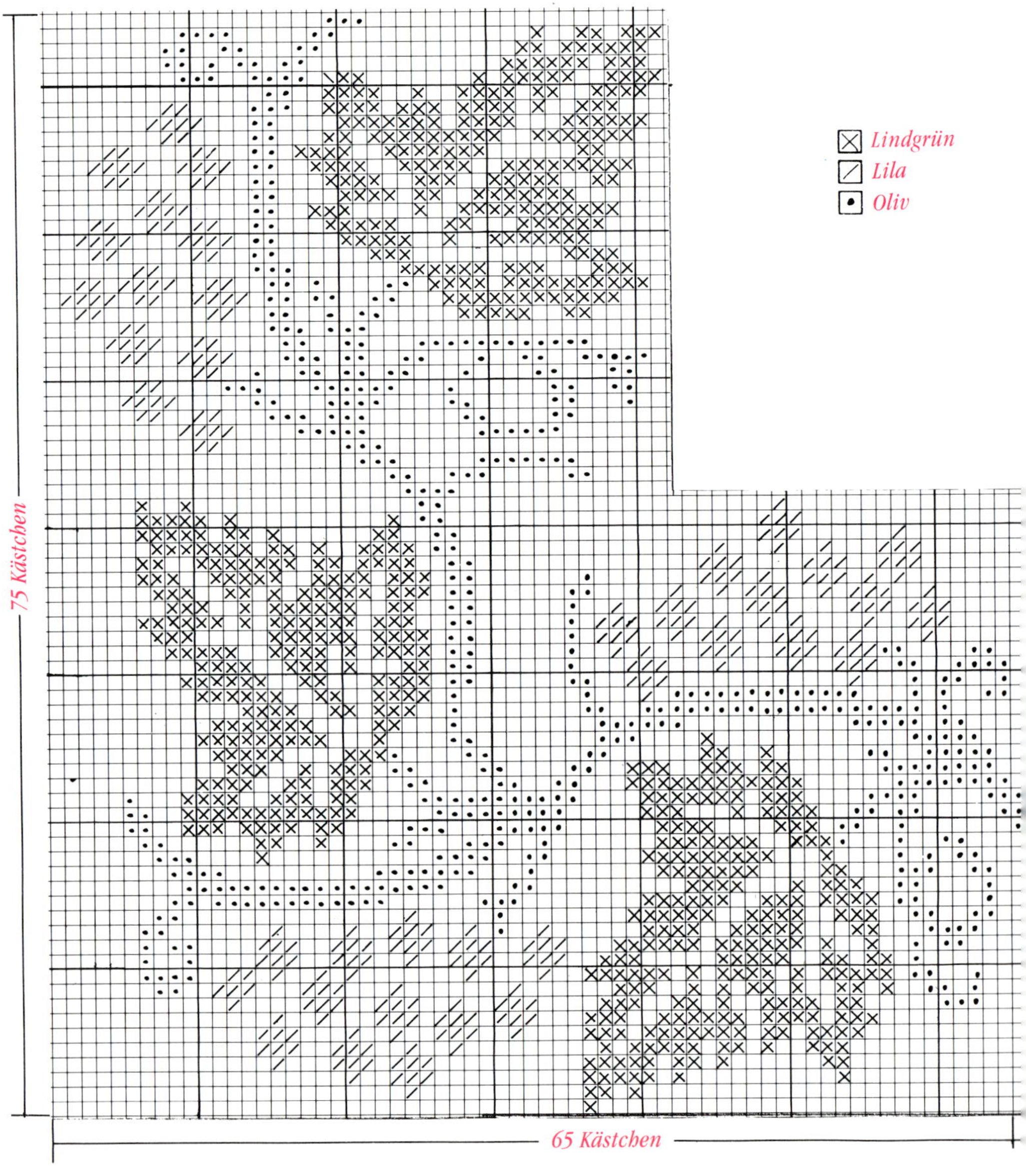

MATERIAL: 1 hellgrüne Tischdecke (Größe nach Wunsch) und dunkelblaue Servietten aus Halbleinen oder Baumwolle. Für 1 gestickten Rapport oder 1 Serviettenmotiv braucht man je 1 Docke Sticktwist in Oliv, Lindgrün und Lila. Stickt man mehrere Rapporte oder Motive, wird weniger Material verbraucht, weil die Docken voll genutzt werden. Außerdem: Stramin (52 Stiche auf 10 cm). Für ein Serviettenmotiv 10 x 10 cm, für einen Rapport bei der Tischdecke ca. 12 x 10 cm (Länge mal Breite).

SO WIRD'S GEMACHT: Bei der Tischdecke entscheiden Sie zuerst, in welchem Abstand von der äußeren Kante die Borte gestickt werden soll. Die Eckmotive müssen dabei an der richtigen Stelle sein! Nun den Stramin in 10 cm breite Streifen schneiden und mit Bleistift darauf nebeneinander die Rapportlänge markieren (siehe Kästchenangaben auf der Zeichnung). Diese Streifen so auf die Decke legen, daß der Abstand von der unteren Kante ringsherum gleich ist, daß die Eckmotive richtig plaziert sind und daß der Rapport aufgeht. Wenn alles stimmt, den Stramin aufheften und mit geteiltem Faden (3fädig) das Rankenmotiv nach der Schemazeichnung im Kreuzstich sticken. Ist die Stickerei fertig, den Stramin anfeuchten und die Fäden mit einer Pinzette auszupfen.

Für eine Serviette den Stramin so auf eine Ecke heften, daß das fertige Motiv 6 cm von jeder Eckkante beginnt. Das Serviettenmotiv ist in der Schemazeichnung gekennzeichnet. Es wird im Kreuzstich aufgestickt. Dann den Stramin anfeuchten und die Fäden mit einer Pinzette auszupfen.

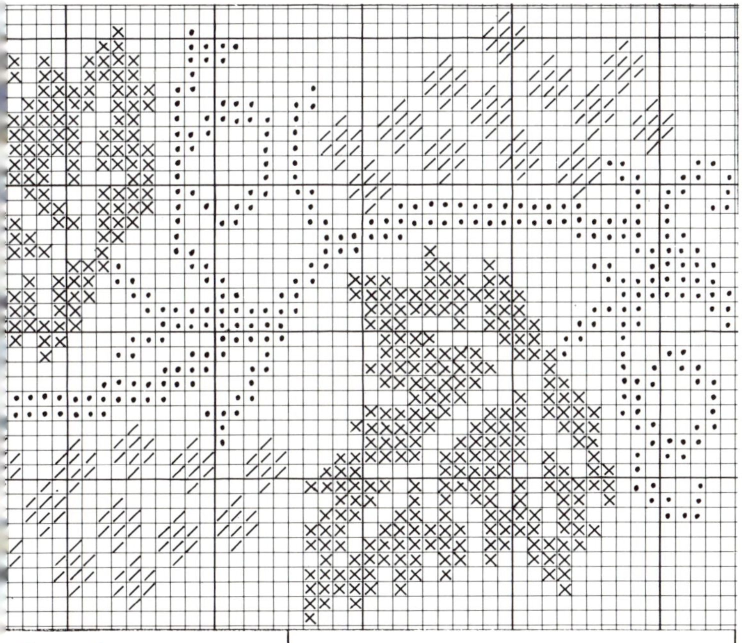

Schön als Ranke oder Einzelmotiv: Weinlaub im Kreuzstich

BROTKORBEINLAGE

MATERIAL: 1 kleines weißes Baumwollhandtuch (ca. 30 x 45 cm groß) mit zählbaren Webstreifen (mindestens 15 Kästchen in der Höhe = 3,5 cm); 1 Docke Sticktwist in Türkis und Kästchenpapier.

SO WIRD'S GEMACHT: Aus dem Alphabet (Seite 38/39) das gewünschte Wort in großen Buchstaben auf Kästchenpapier aufzeichnen. Die Abstände so wählen, daß das Wort harmonisch wirkt. Auf der Zeichnung und auf dem Webstreifen die Mitte markieren. Von hier aus zu beiden Seiten das Wort mit geteiltem Faden (3fädig) im Kreuzstich aufsticken.

Möchten Sie eine Serviette oder ein Handtuch besticken, dessen Stoff sich nicht auszählen läßt, dann heften Sie Stramin (Stichgröße = 40 Stiche auf 10 cm) auf den Stoff und arbeiten wie auf Seite 9 beschrieben.

Besticktes Baumwollhandtuch als Einlage für den Picknick- oder Brotkorb

Großmutters Stickbild ist wieder sehr begehrt. Und für seine einzelnen Motive gibt es zahl

:wendungsmöglichkeiten (Anleitung Seite 40)

Mitte

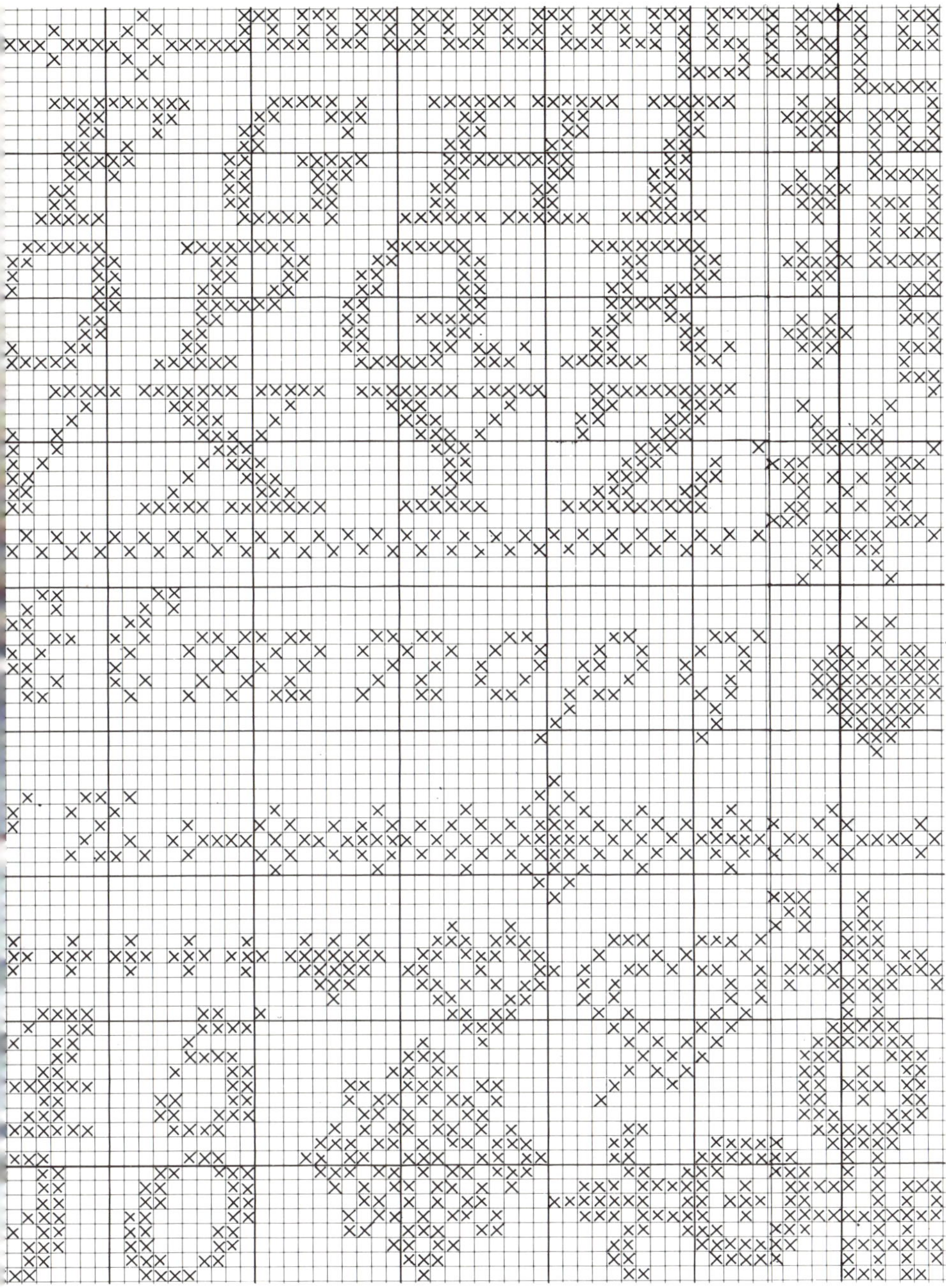

Mitte

☒ Blau

STICKBILD

FOTO SEITE 36/37

MATERIAL: 32 x 45 cm weißer Handarbeitsstoff (43,5 Stiche auf 10 cm) und 4 Docken blauer Sticktwist.

SO WIRD'S GEMACHT: Das fertige Stickbild hat eine Größe von 20 x 33 cm. Sie können sich die Arbeit erleichtern, wenn Sie jeweils nach 10 Kästchen waagerecht und senkrecht mit großen Vorstichen farbiges Nähgarn einziehen. Damit die Stickerei später genau in der Mitte des Stoffes sitzt, sollten Sie sich in Höhe und Breite die Mitte deutlich markieren. Nun mit geteiltem Faden (4fädig) das Stickbild im Kreuzstich sticken. Zum Schluß das Nähgarn herausziehen.

SERVIETTE MIT HUMMER

MATERIAL: 1 graue Serviette; je 1 Docke Sticktwist in den Farben Lachs, Hummer, Rost und Orange, dazu 1 Faden in Schwarz; 18 x 18 cm Stramin (44 Stiche auf 10 cm).

SO WIRD'S GEMACHT: Den Stramin so auf eine Ecke der Serviette heften, daß später das fertige Motiv 3 cm von jeder Eckkante entfernt ist. Den Hummer mit geteiltem Faden (3fädig) im Kreuzstich nach der Zeichnung aufsticken. Dann den Stramin anfeuchten und die Fäden mit einer Pinzette auszupfen.

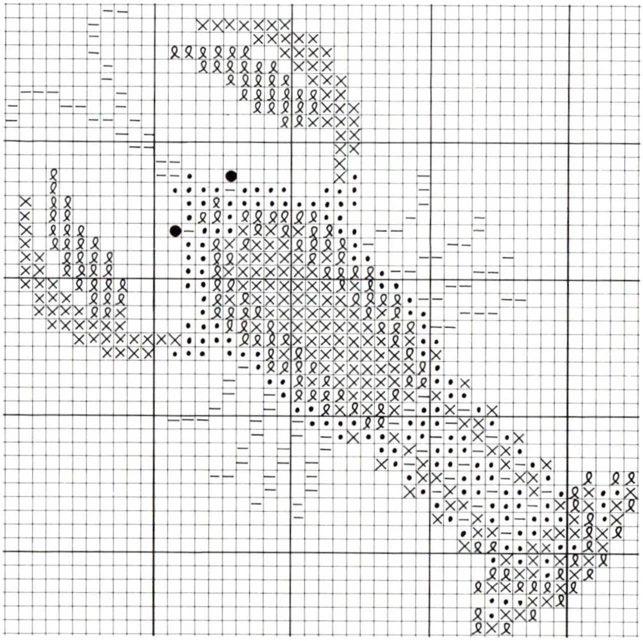

Für das besondere Essen: Servietten mit Hummer

Aus den ersten Übungen im Kreuzstich werden ganz schnell kleine Geschenke

NADELKISSEN

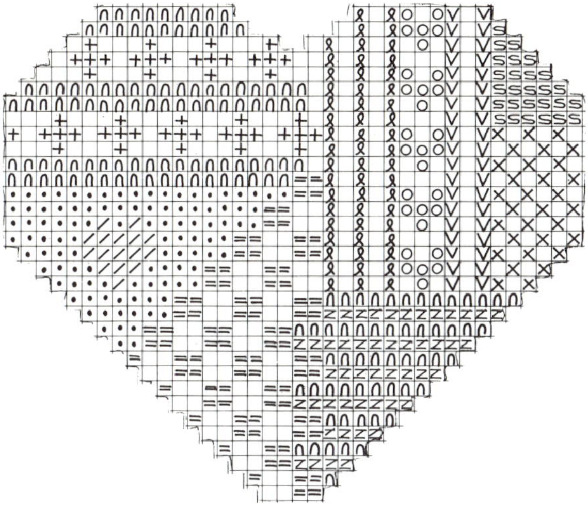

- • *Weiß*
- ☒ *Rosa*
- = *Rot*
- ℓ *Türkis*
- O *Oliv*
- V *Lila*
- / *Blau*
- + *Grün*
- ∩ *Lachs*
- Z *Lindgrün*
- S *Flieder*
- | *Hellgrün*
- 3 *Weinrot*
- ● *Dunkelgrün*

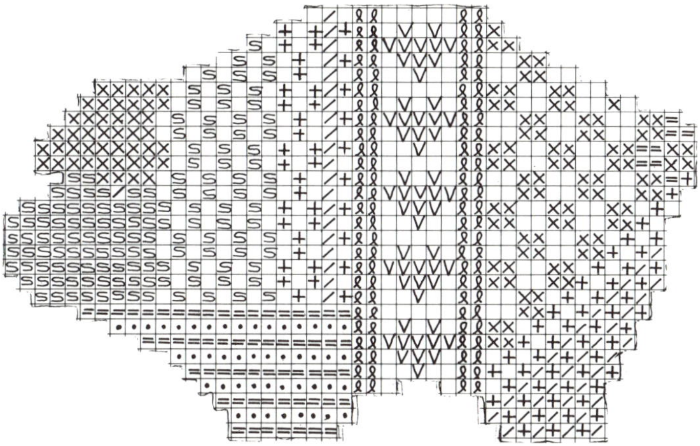

MATERIAL: je Nadelkissen 20 x 20 cm naturweißer Handarbeitsstoff (32,5 Stiche auf 10 cm) und 20 x 20 cm kleinkarierter Baumwollstoff in Rot-Weiß oder Blau-Weiß; Füllwatte; je 1 Docke Mattstickgarn: für das Herz in Rot, Türkis, Oliv, Lila, Flieder, Rosa, Lachs, Lindgrün, Weiß, Blau und Grün; für das Schwein in Grün, Rosa, Rot, Türkis, Lila, Blau, Weiß und Flieder; für den Hund in

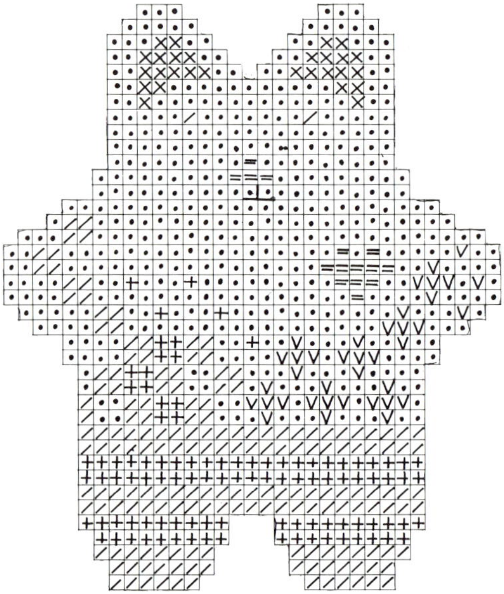

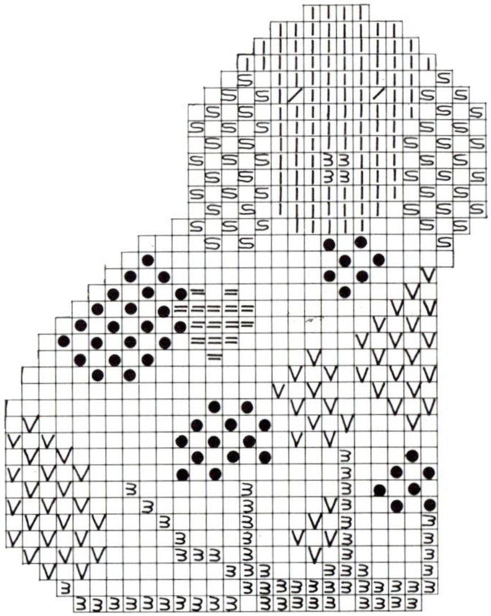

Weinrot, Lila, Dunkelgrün, Rot, Flieder, Hellgrün und Blau; für den Bär in Blau, Grün, Lila, Weiß, Rot und Rosa. (Für alle 4 Nadelkissen brauchen Sie nur je 1 Docke Mattstickgarn in den bei der Zeichenerklärung angegebenen Farben.)

SO WIRD'S GEMACHT: Die Motive nach den Schemazeichnungen im Kreuzstich sticken. Bei den leeren Kästchen bleibt der Stoff unbestickt. Der Bär bekommt drei grüne Spannstiche als Schnauze. Die fertigen Arbeiten entlang der Stickereikontur mit kariertem Stoff verstürzen (einen kleinen Stich auf der Nähmaschine einstellen), dabei eine kleine Öffnung zum Wenden lassen. Jede Nadelkissenhülle mit Watte fest ausstopfen und die Öffnung mit der Hand zunähen.

Nicht nur für Wildkatzenfans: ein Hocker im Gobelinstich (Anleitung Seite 46)

HOCKERBEZUG MIT LEOPARDENMUSTER

FOTO SEITE 45

Von der zu beziehenden Fläche einen Papierschnitt abnehmen und zum Stramineinkauf mitnehmen. Dabei die Nahtzugaben großzügig berechnen. Die Sitzfläche unseres Hockers ist 30 x 42 cm groß und 7 cm hoch.

MATERIAL: 70 cm naturfarbener Stramin (39 Stiche auf 10 cm), 60 cm breit; Kelimwolle (10 g pro Docke); 7 Docken in Schwarz, 6 Docken in Natur und 3 Docken in Senf; etwa 50 schwarze Polsternägel.

SO WIRD'S GEMACHT: Den Schnitt auf den Stoff stecken, die Schnittkanten mit Heftgarn kennzeichnen. Dann den Schnitt mit großzügiger Nahtzugabe ausschneiden. Nun die ganze Sitzfläche im Gobelinstich nach der Mustervorlage besticken, dabei den Rapport in der Höhe und Breite wiederholen. Die fertige Stickerei von links vorsichtig bügeln. Die Arbeit auf den Hocker stecken und eine „Anprobe“ machen. Noch können Änderungen berücksichtigt werden! Erst wenn der Bezug paßt, eventuell Nähte an den Ecken steppen! Dann die Kanten einschlagen und den Bezug sehr stramm mit Polsternägel auf den Hocker nageln.

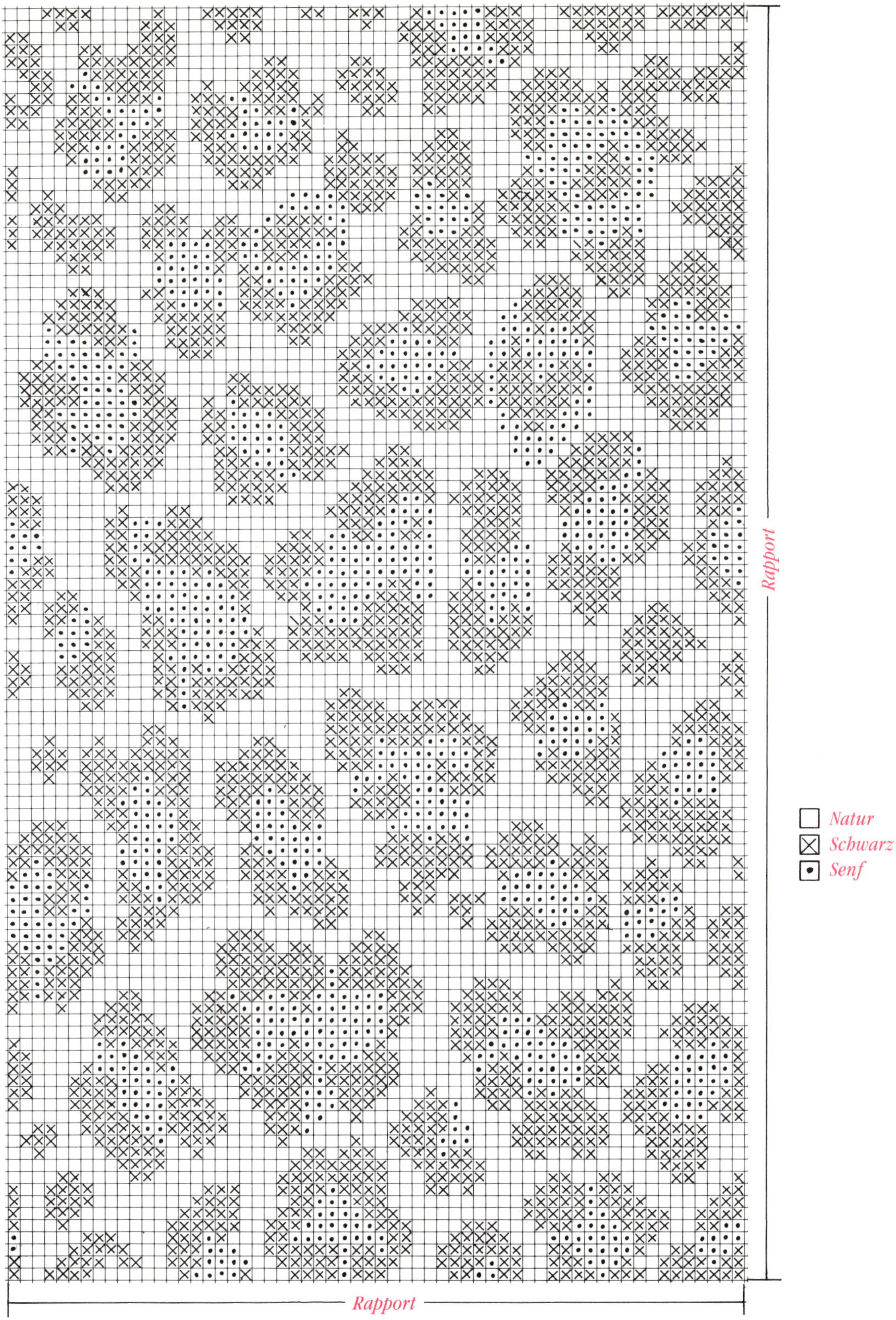
Rapport
Rapport
Natur
Schwarz
Senf

LÄTZCHEN

Die Freunde des Struwwelpeter: Lätzchen mit schwarzen Buben

MATERIAL: 0,30 m weißer Waffelpiqué, 90 cm breit; je 1 Docke Sticktwist in Hellrot, Dunkelrot, Rot, Hellgrün, Grün, Dunkelgrün, Hellblau, Blau, Dunkelblau, Grau, Schwarz und Gelb; 15 x 20 cm Stramin (56 Stiche auf 10 cm); 1 m weißes Schrägband (Baumwolle), 3,5 cm breit; weißes Nähgarn.

SO WIRD'S GEMACHT: Nach dem Schnittschema einen Papierschnitt anfertigen. Den Stoff der Breite nach rechts auf rechts zur Hälfte legen, den Schnitt vom Bruch aus darauf feststecken und alle Schnittkanten mit Schneiderkreide markieren. Dann das Lätzchen mit 1,5 cm breiter Nahtzugabe zuschneiden. In den Bruch einen Heftfaden einziehen. Den Stramin so auf eine Hälfte der rechten Stoffseite heften, daß später das Motiv 3 cm von der Bruchkante entfernt beginnt. In der Breite die Mitte kennzeichnen und von hier aus zu beiden Seiten das Motiv mit geteiltem Faden (3fädig) im Kreuzstich aufsticken. Zum Schluß die Stickerei anfeuchten und die Straminfäden mit einer Pinzette herausziehen. Nun die Seiten- und Schulternähte schließen und von rechts knappkantig absteppen. Den noch offenen Halsausschnitt mit dem Schrägband so einfassen, daß zu beiden Seiten das Bindeband hängenbleibt. Umbügeln, Halsausschnitt und Bindebänder knappkantig absteppen.

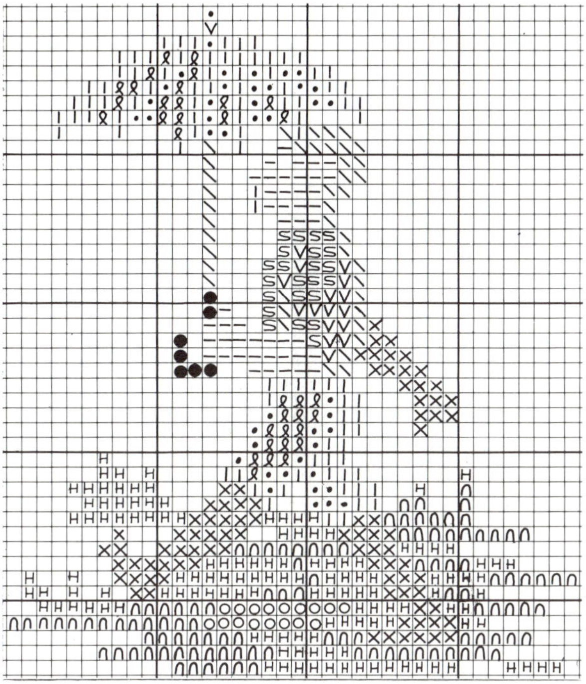

Hellrot
Dunkelrot
Rot
Schwarz
Dunkelblau
Grau
Gelb
Blau
Hellblau
Hellgrün
Grün
Dunkelgrün

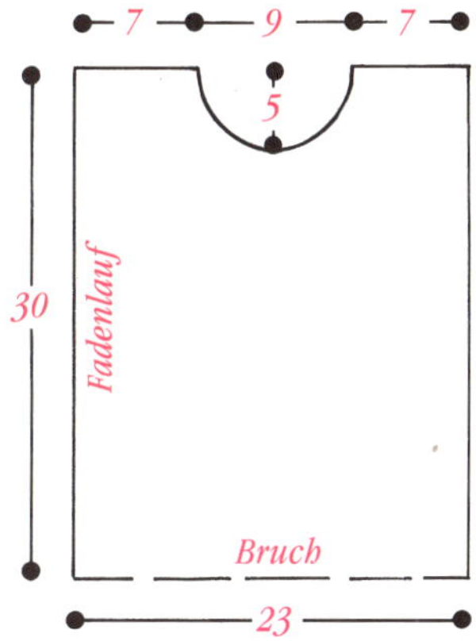

50

BRILLENETUI

MATERIAL: 25 x 25 cm Stramin (39 Stiche auf 10 cm); Stickwolle: je 1 Docke in Türkis und Rot, 2 Docken in Lila und 3 Docken in Lachs; 25 x 25 cm roter Filz und rotes Nähgarn.

SO WIRD'S GEMACHT: Das fertige Etui ist 9 x 16,5 cm groß. Dafür nach der Zeichnung das Motiv im Kelimstich auf den Stramin sticken. Die fertige Stickerei mit dem Filz verstürzen. Dann zur Hälfte legen und die unteren Kanten und die Seiten, bis auf einen 3 cm langen Schlitz, von rechts mit der Hand zusammennähen.

Erinnerung an Mexiko: Brillenetui im Kelimstich

Jedes Kästchen ist ein schräger Stich

- ☐ *Lachs*
- ☒ *Lila*
- ⊟ *Rot*
- ⊡ *Türkis*

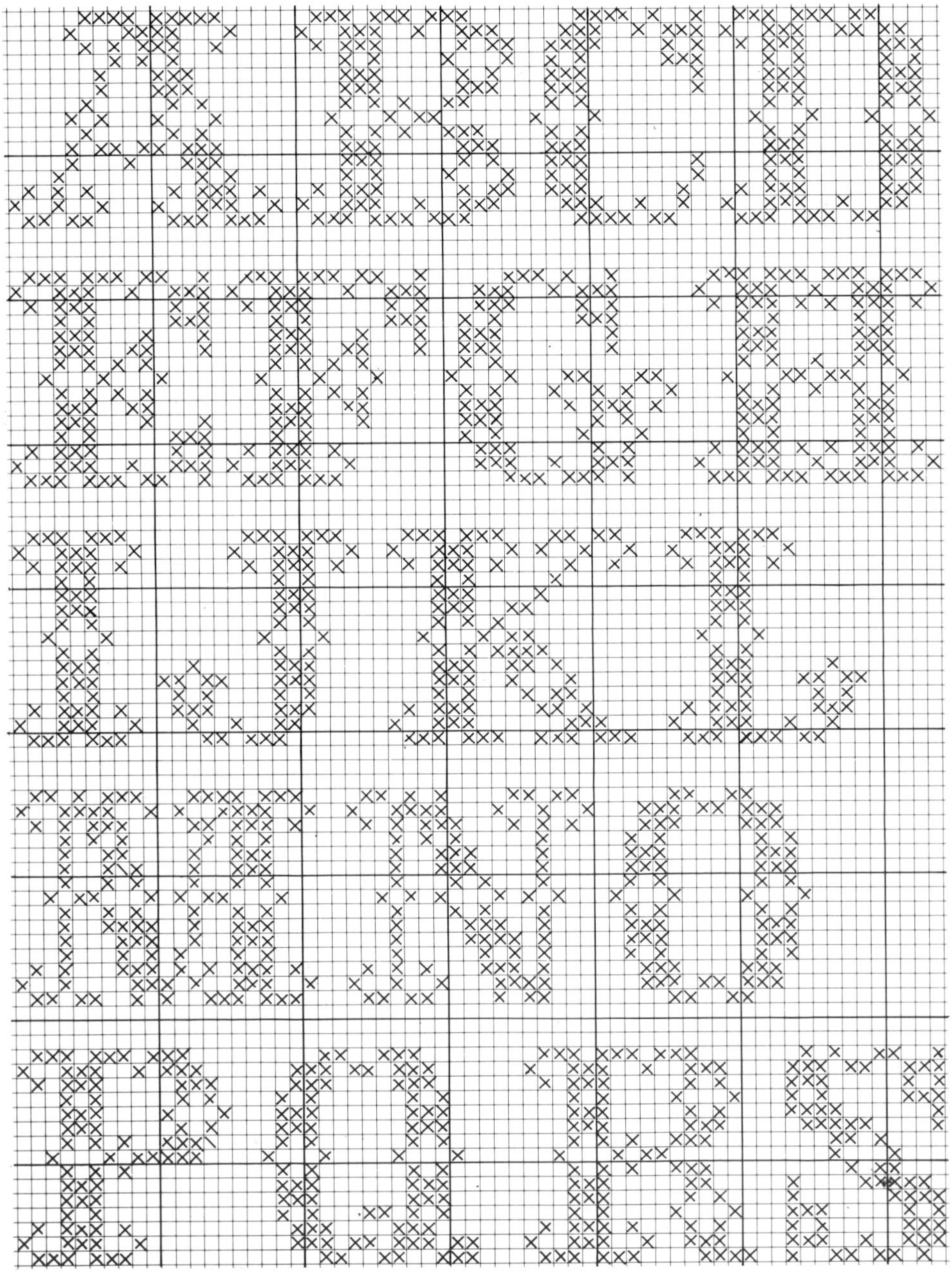

KISSEN MIT MONOGRAMM

FOTO SEITE 22/23

MATERIAL: 70 x 40 cm naturfarbener Handarbeitsstoff (24,5 Stiche auf 10 cm); 10 Docken rote und 4 Docken schwarze Kelimwolle (10 g pro Docke) und 70 x 40 cm schwarzer Baumwollstoff.

SO WIRD'S GEMACHT: Das fertige Kissen ist 62 x 33 cm groß. Die ganze vordere Fläche wird mit Kreuzstichen ausgefüllt. Bei dem groben Handarbeitsstoff geht die Stickerei schnell und man sieht bald einen Erfolg. Das Auszählen wird erleichtert, wenn Sie jeweils nach 10 Kästchen waagerecht und senkrecht mit großen Vorstichen Nähgarnfäden einziehen. In Höhe und Breite sollten Sie die Mitte deutlich markieren, damit die Stickerei später auch in der Mitte des Stoffes sitzt. Nun im Kreuzstich alles nach der Zeichnung aussticken, dabei die Buchstaben, die Sie brauchen, aus dem Alphabet einsetzen. Zum Schluß die Nähgarnfäden herausziehen und die Arbeit von links vorsichtig bügeln. Dann an drei Seiten mit dem schwarzen Stoff verstürzen, ein Kissen mit der Hülle beziehen und die letzte Kante mit der Hand zunähen.

Rot Schwarz

Mitte

Mal positiv, mal negativ: Ein Ornament schmückt beide Enden dieses edlen Schals (Anleitu

e 62)

3. KAPITEL

HEXENSTICH

Schattenstickerei

Fischgrätenstich

HEXENSTICH

Der Hexenstich wird häufig zum Sticken von Bordüren verwendet. Aber auch Borten lassen sich auf einen Stoff „hexen". Als Zierstich stickt er sich auf allen Stoffen gut. (Beim Nähen nimmt man ihn oft als Saumstich.) Dem Stoff entsprechend sucht man das Stickmaterial aus: Sticktwist für Baumwollstoffe und Seide, Stickwolle für Wollstoffe.

Der Hexenstich wird von links nach rechts gearbeitet. Er wird zwischen zwei gedachten oder aufgezeichneten Linien gestickt, die parallel verlaufen.

Von links unten nach rechts oben einen schrägen Stich ausführen, dann einige Gewebefäden waagerecht nach links auffassen. In gleicher Länge wie den ersten nach rechts unten einen schrägen Stich arbeiten. Die Stiche müssen gleichmäßig ausgeführt werden.

SCHATTENSTICKEREI

Die Schattenstickerei besteht aus großen Hexenstichen und wird nur auf durchsichtigen Stoffen gearbeitet, zum Beispiel auf Baumwollbatist. Diese Technik eignet sich in ausdrucksvollen Motiven besonders gut für zarte Gardinen oder durchsichtige Blusen. Die Stickerei wird immer auf der Rückseite ausgeführt und auch dort aufgezeichnet. Wie das gemacht wird, steht auf Seite 9. Auf der rechten Stoffseite ist die bestickte Stelle leicht erhaben. Der Stickfaden schimmert durch. Zum Sticken nimmt man Sticktwist oder feines Baumwollgarn, meistens in der Farbe des Stoffes.

Gearbeitet wird im Hexenstich. Die Einstichstellen sind hier gleichzeitig die Ausstichstellen. Dadurch entsteht auf der Stoffoberseite eine Linie aus kleinen Steppstichen, die die Konturen des Motivs sichtbar machen. Sie müssen ganz besonders gleichmäßig ausgeführt werden.

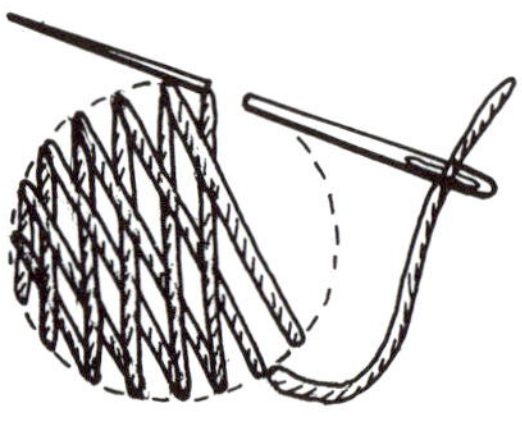

FISCHGRÄTENSTICH

Den Fischgrätenstich können Sie für einzelne Muster oder für Bordüren anwenden. Er läßt sich auf Seide ebensogut sticken wie auf Leinen, Baumwolle oder Wolle. Wie Sie eine Musterzeichnung auf die jeweilige Stoffart bekommen, steht auf Seite 9. Gesticktwird je nach Gewebe mit Sticktwist, Perlgarn oder Stickwolle.

Den einfachen Fischgrätenstich arbeitet man von oben nach unten. Wie auf der Zeichnung zu sehen, sticht man von der linken Seite durch den Stoff, übergeht einige Gewebefäden nach rechts, sticht wieder ein, legt eine Schlinge und sticht leicht schräg nach unten wieder aus. Dann die gleiche Zahl von Gewebefäden nach links gehen, einstechen, Schlinge legen und etwas schräg wieder ausstechen. Diese Stiche gleichmäßig wiederholen.

Der versetzte Fischgrätenstich wird gestickt wie der einfache. Jedoch arbeitet man immer abwechselnd mehrere Stiche nach links bzw. rechts hintereinander.

Versetzter Fischgrätenstich

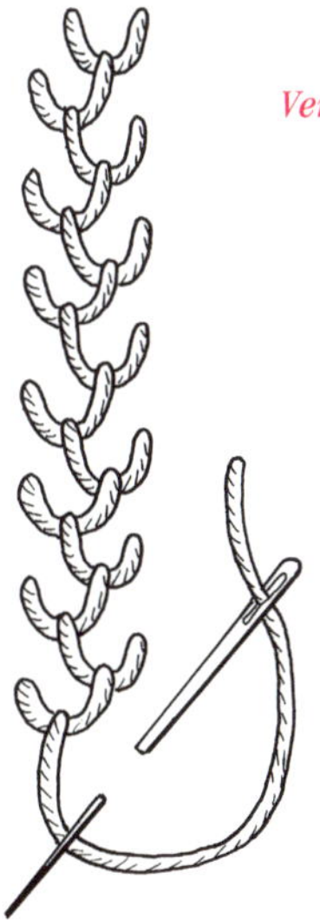

Einfacher Fischgrätenstich

GARDINE MIT SCHATTENSTICKEREI

MATERIAL: Baumwollvoile je nach Fenstergröße (plus 8 cm für den fertigen Saum); je Motiv 1 Docke weißer Sticktwist und Pergamentpapier.

SO WIRD'S GEMACHT: Die Gardine an den Seiten säumen. An der unteren Kante einen 4 cm breiten Saum steppen oder – wie auf dem Foto – den Saum mit einem einfachen Hohlsaumstich (siehe Seite 82) arbeiten. Nun das Ornament auf Pergamentpapier von der Mitte aus gegengleich aufzeichnen. Den Stoff mit der linken Seite nach oben so auf die Zeichnung legen, daß später die fertige Stickerei genau in der Mitte ist und 10 cm von der unteren Kante entfernt beginnt. Die durchscheinenden Linien mit Bleistift nachziehen. Im Hexenstich mit geteiltem Faden (3fädig) die Flächen zwischen den Linien ausfüllen. Gestickt wird auf der linken Stoffseite, so daß rechts nur kleine Steppstiche die Konturen markieren und die Stickerei als Schatten erscheint.

Etwas ganz Besonderes ist diese Gardine mit orientalischem Muster in Schattenstickerei

SCHWARZ-GRÜNER SEIDENSCHAL

MATERIAL: je 0,70 m Waschseide, 90 cm breit, in Grün und Schwarz; je 1 Docke Sticktwist in Grün und Schwarz; Pergamentpapier und Fixativspray.

SO WIRD'S GEMACHT: Der fertige Schal ist 34 x 176 cm groß und hat an jedem Ende ein Stickmotiv. Zunächst das Motiv einmal wie gezeichnet und von der Mitte aus gegengleich auf Pergamentpapier übertragen. Dann die schwarze Seide der Länge nach zur Hälfte legen und mit Stecknadeln zusammenstecken, damit nichts verrutscht. An einem schmalen Ende vom Bruch aus 17 cm nach innen messen und diese Stelle markieren. Die Musterzeichnung so auf den Stoff stecken, daß das Motiv 7 cm von unten beginnt und ihre Mitte genau mit der markierten Stelle übereinstimmt. Alles mit Schneiderkopierpapier auf den Stoff übertragen, wie auf Seite 9 beschrieben. Den Stoff wieder auseinanderfalten und alle Linien in Grün mit geteiltem Faden (3fädig) im einfachen Fischgrätenstich sticken. Mit der grünen Seide genauso verfahren, das Motiv jedoch in Schwarz arbeiten. Beim Aufzeichnen darauf achten, daß die Motive bei dem fertigen Schal auf derselben Seite liegen. Alles vorsichtig bügeln. Zuerst beide Hälften an den unbestickten Schmalseiten von links zusammennähen, dann das Teil der Länge nach zur Hälfte legen und verstürzen, und zwar immer mit 1 cm breiter Nahtzugabe.

Die Filzquadrate werden einzeln gearbeitet. Zusammengesetzt ergeben sie ein Kissen (An

g Seite 77)

4. KAPITEL

KETTSTICH

Knötchenstich

Margeritenstich

Schlingstich

KETTSTICH

Mit dem Kettstich werden Linien und Konturen betont. Man kann mit ihm aber auch in nebeneinanderliegenden Reihen oder im Kreis Flächen ausfüllen. Dadurch eignet er sich besonders gut für orientalische Motive. Der Kettstich arbeitet sich leicht auf glatten Stoffen wie Leinen, Baumwolle oder dünner Wolle. Gestickt wird, je nach Stoffart, mit Sticktwist, Perlgarn, mattem Baumwollgarn oder Stickwolle. Wie man eine Zeichnung auf den Stoff überträgt, steht auf Seite 9.

Den Kettstich können Sie von oben nach unten oder von rechts nach links sticken. Von links auf die rechte Stoffseite durchstechen, eine Schlinge legen und in die Ausstichstelle zurückstechen, einige Gewebefäden senkrecht oder waagerecht auffassen und innerhalb der Schlinge wieder ausstechen. Eine neue Schlinge legen und den Stich wiederholen. Der Faden darf nicht zu straff angezogen werden, damit die einzelnen Schlingen schön rund verlaufen und nicht wie zwei nebeneinanderliegende Linien aussehen.

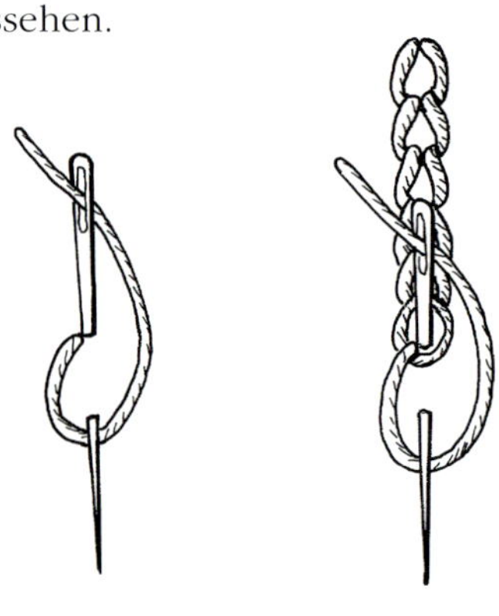

KNÖTCHENSTICH

Der Knötchenstich liegt plastisch auf dem Stoff auf. Er wird fast nur in Verbindung mit anderen Stichen und Sticharten verwendet. Bei Blütenmotiven bildet er oft den Mittelpunkt. Mehrere nebeneinandergestickte Knötchen können einen ganzen Blütenkelch ausfüllen. Als Stickgrund eignet sich jeder glatte Stoff, das Stickmaterial wird darauf abgestimmt. Ein Baumwollstoff zum Beispiel kann mit Perlgarn bestickt werden.

Man sticht von links durch den Stoff, wickelt den Faden unmittelbar am Ausstich zweimal oder mehrere Male um die Nadel, sticht knapp neben dem Ausstich wieder ein und zieht den Faden an. Das Knötchen wird dabei mit der Hand etwas festgehalten. Wie groß das Knötchen werden soll, richtet sich danach, wie oft der Faden um die Nadel gewickelt wird.

MARGERITENSTICH

Der Margeritenstich wird meistens mit dem Stielstich (siehe Seite 12) und dem Knötchenstich kombiniert. Kreisförmig angeordnet lassen sich mit ihm hübsche Blütenmotive bilden. Gestickt werden kann er auf jedem glatten Stoff, danach richtet sich auch das Stickmaterial. Für Baumwollstoffe eignen sich gut Sticktwist und Perlgarn. Der Margeritenstich besteht aus einem Kettstich, der an der Schlinge mit einem Spann- oder Fangstich festgehalten wird. Man sticht von links durch den Stoff, bildet eine Schlinge, sticht in die Ausstichstelle zurück, faßt einige Gewebefäden auf, sticht innerhalb der Schlinge wieder auf die rechte Stoffseite und hält sie mit einem kleinen Spannstich fest.

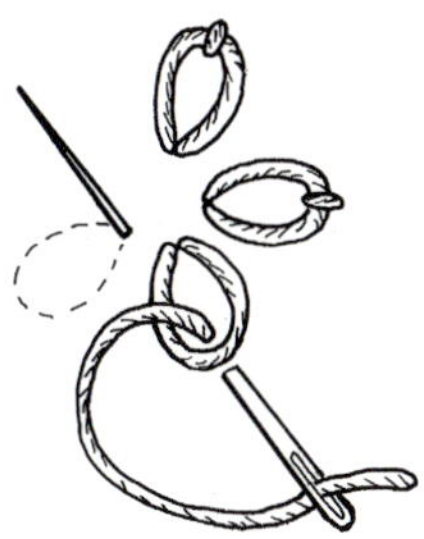

SCHLINGSTICH

Der Schlingstich, auch Langetten- oder Festonstich genannt, wird meistens zum Einfassen von Kanten verwendet. Glatte Stoffe aus Baumwolle, aber auch Filz, lassen sich leicht besticken. Das Stickgarn richtet sich nach dem Stoff. Filz kann man besonders gut mit Perlgarn einfassen.

Der Schlingstich wird von links nach rechts gearbeitet. An der gewünschten Stelle mit der Nadel ausstechen, nach rechts oben ein paar Gewebefäden übergehen, wieder einstechen und senkrecht in Stichhöhe wieder ausstechen. Der Faden liegt unter der Nadelspitze. Nach rechts oben ein paar Gewebefäden übergehen und in gleicher Höhe den Stich wiederholen.

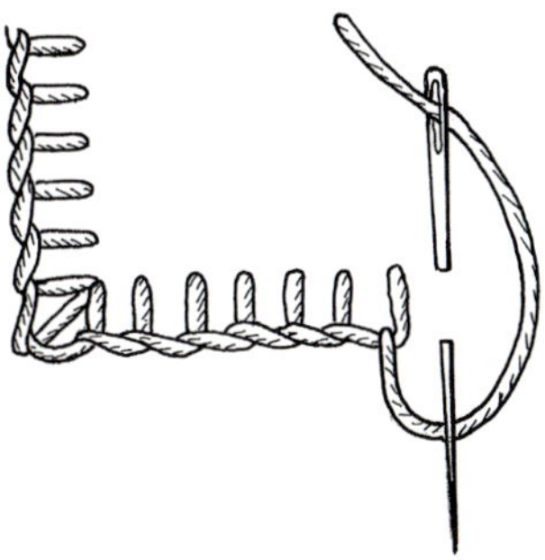

Orientalisches Muster für eine klassische Bluse

BLUSE MIT ORIENTALISCHEM MUSTER

MATERIAL: 1 schwarze Leinenbluse; je 2 Docken Sticktwist in Oliv und Lindgrün und 3 Docken in Messing; Pergamentpapier und Fixativspray.

SO WIRD'S GEMACHT: Das Motiv 2 1/2mal auf Pergamentpapier durchzeichnen (gestrichelte Linie = Ansatzlinie) und die Zeichnung auf ein Vorderteil der Bluse stecken. Dabei darauf achten, daß das Motiv auch richtig plaziert ist. Das halbe Muster sollte an der Passen- bzw. Schulternaht enden.

Nun die Zeichnung auf die Bluse übertragen, wie auf Seite 9 beschrieben. Danach alles gegengleich auf dem anderen Vorderteil wiederholen: Die linke Pergamentseite ist jetzt die rechte. Nun alle Linien mit geteiltem Faden (2fädig) im Kettstich sticken. Die Farben sind aus dem Foto ersichtlich.

Zum Schluß die Stickerei von links vorsichtig dämpfen.

SET UND SERVIETTE MIT PAISLEYMUSTER

Hier schmückt ein indisches Paisleymuster Set und Serviette

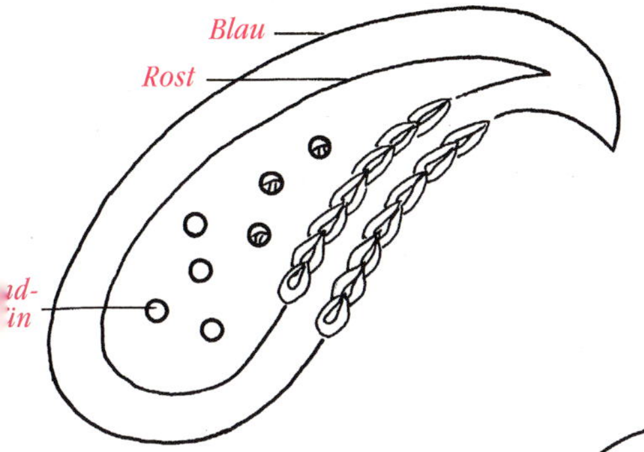

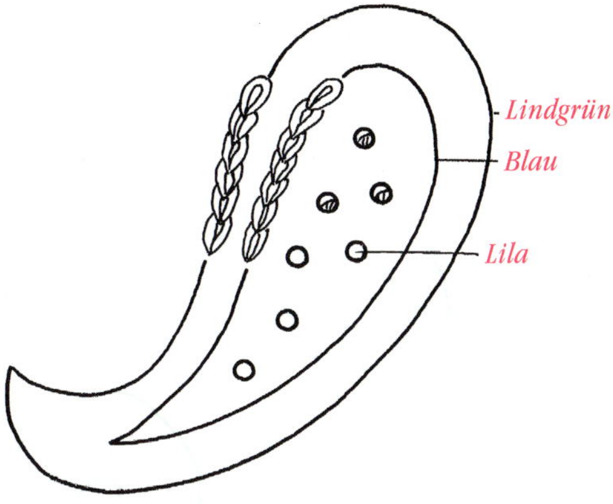

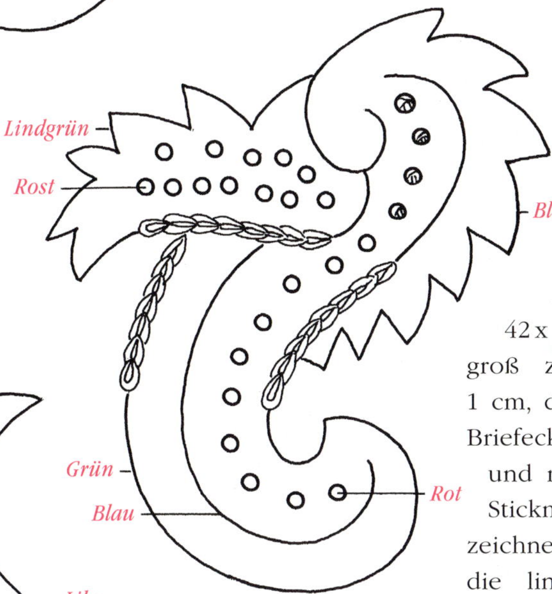

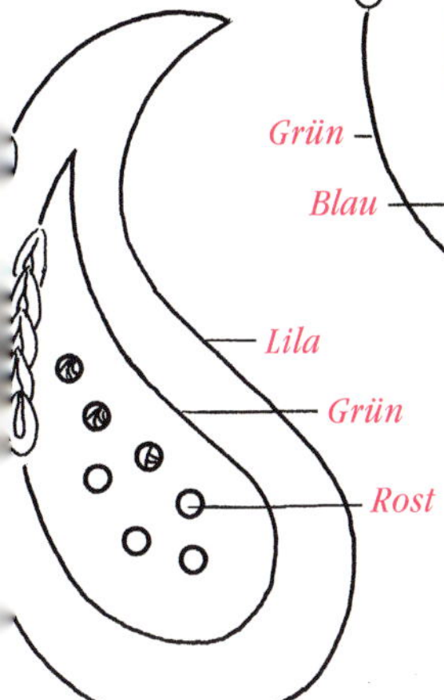

SO WIRD'S GEMACHT: Zuerst das Set (fertige Größe 35 x 45 cm) und die Serviette (fertige Größe 37 x 37 cm) nähen. Das Leinen für das Set 42 x 52 cm, für die Serviette 44 x 44 cm groß zuschneiden. Alle Kanten erst 1 cm, dann 2,5 cm nach rechts bügeln, Briefecken arbeiten (siehe Seite 108) und rundherum aufsteppen. Nun das Stickmotiv auf Pergamentpapier durchzeichnen. Diese Musterzeichnung so in die linke obere Ecke auf das Set stecken, daß später die fertige Stickerei 3 cm von jeder Kante entfernt beginnt. Alles mit Schneiderkopierpapier auf den Stoff zeichnen, wie auf Seite 9 beschrieben. Auf die Serviette nur das größere Motiv genauso aufzeichnen, ebenfalls in die linke obere Ecke. Hier sollte die fertige Stickerei 3,5 cm von jeder Kante entfernt beginnen. Die Linien mit geteiltem Faden (3fädig) im Kettstich, die Punkte im Knötchenstich arbeiten. Alle Farben sind aus der Zeichnung ersichtlich. Zum Schluß die Stickerei von links vorsichtig bügeln.

MATERIAL: Für 1 Set und 1 Serviette braucht man 0,55 m rostfarbenes Leinen, 90 cm breit; je 1 Docke Sticktwist in Lindgrün, Blau, Rost, Lila, Rot und Grün; Pergamentpapier; Fixativspray und rostfarbene Nähseide.

ALPHABET

MATERIAL: Für ein Monogramm 1 Docke Sticktwist in beliebiger Farbe; Pergamentpapier.

SO WIRD'S GEMACHT: Gewünschte Buchstaben auf Pergamentpapier zeichnen, dabei bleiben die farbigen Linien unberücksichtigt. Wie man die Zeichnung auf einen Stoff überträgt, finden Sie auf Seite 9. Nun zuerst alle Linien im Kettstich mit geteiltem Faden (2fädig) nachsticken. Dann die inneren Flächen der Buchstaben mit nebeneinanderlaufenden Kettstichlinien ausfüllen.

Als Monogramm oder Stickbild: alte Buchstaben im Kettstich

A

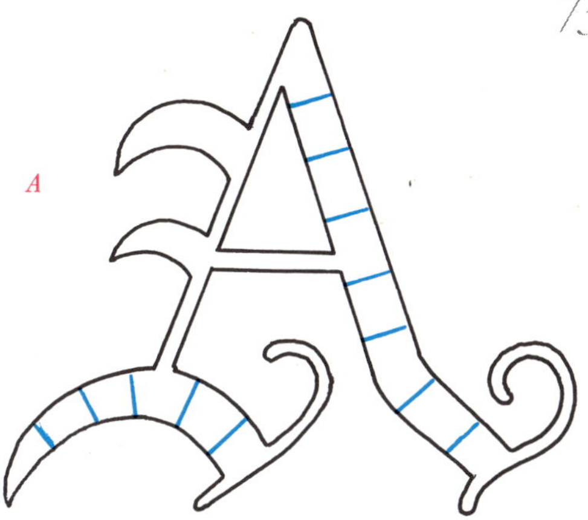

B

C

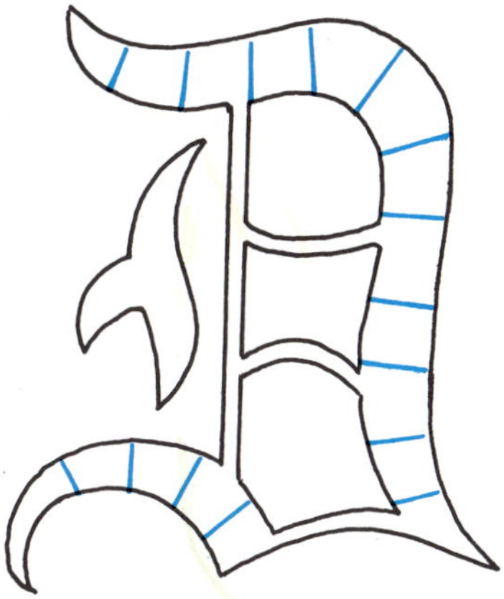

D

E

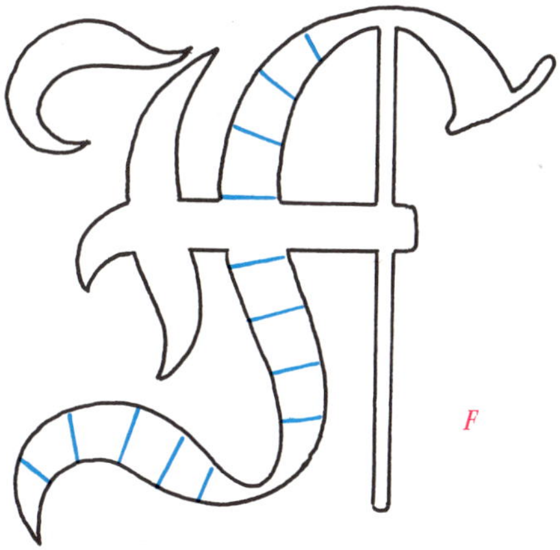

F

G

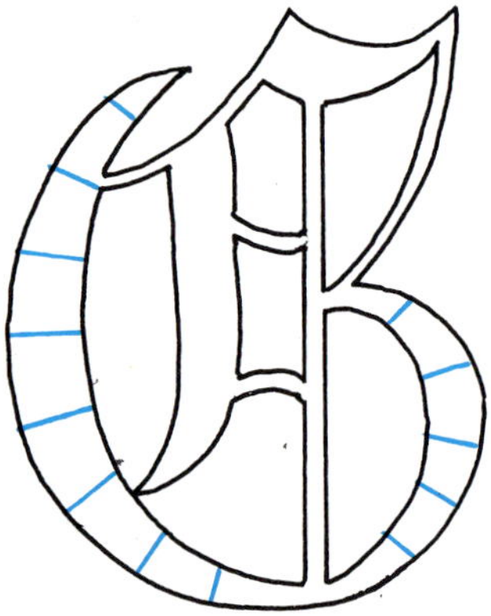

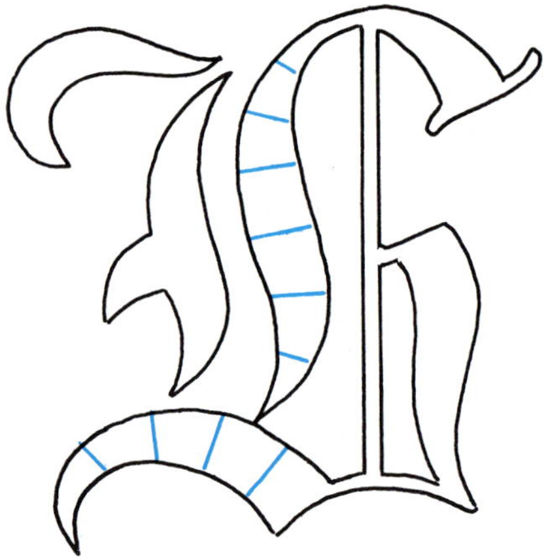

H

I/J

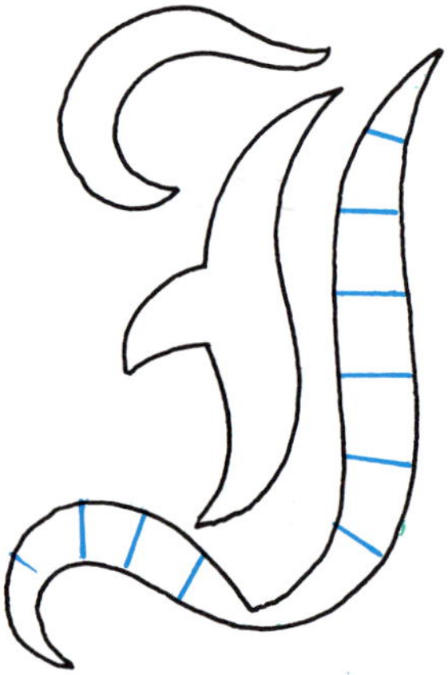

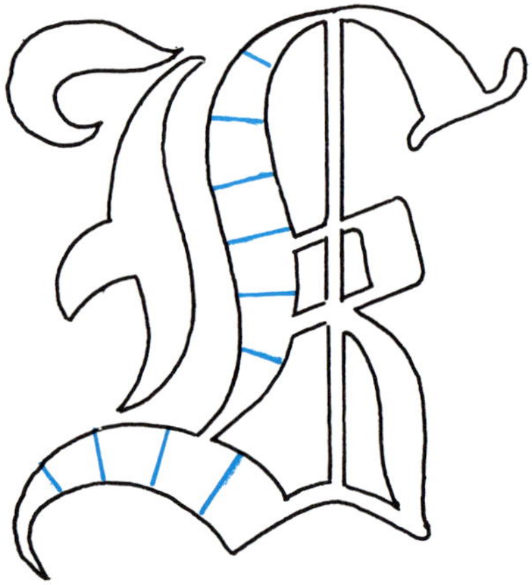

K

L

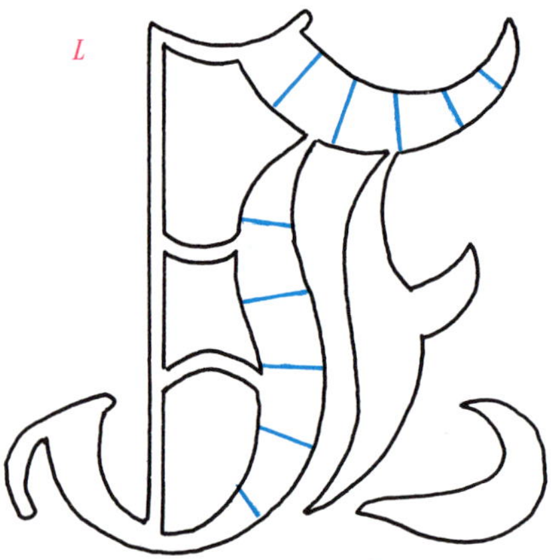

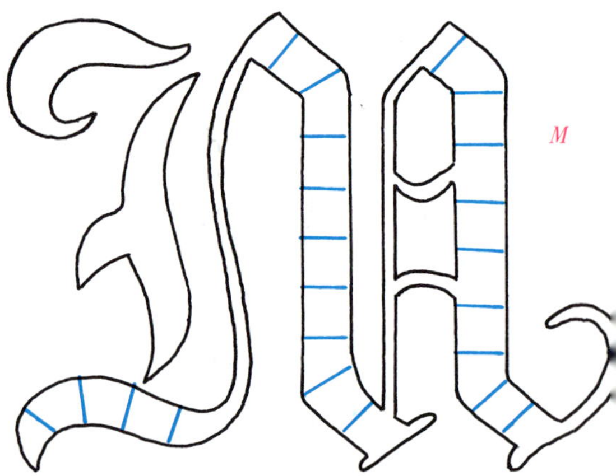

M

N

O

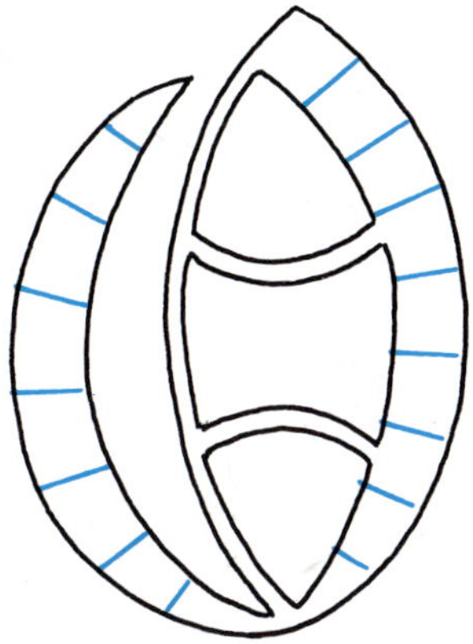

P

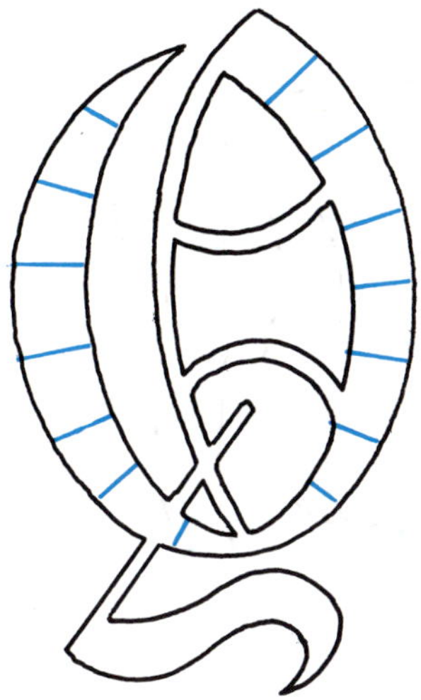

Q

R

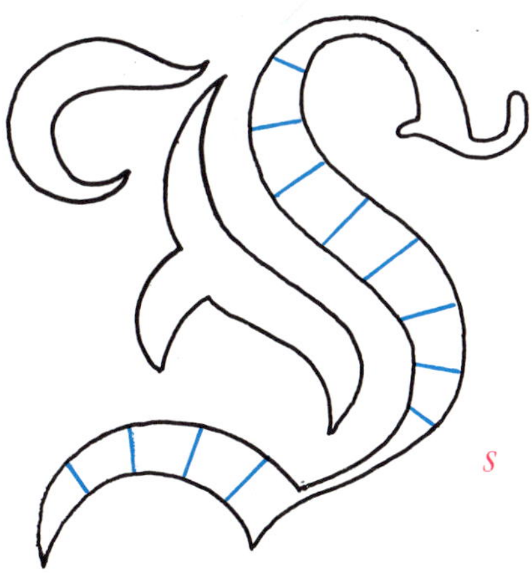

S

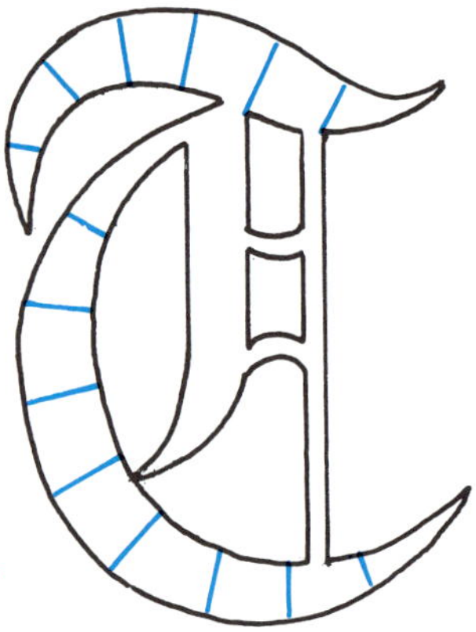

T

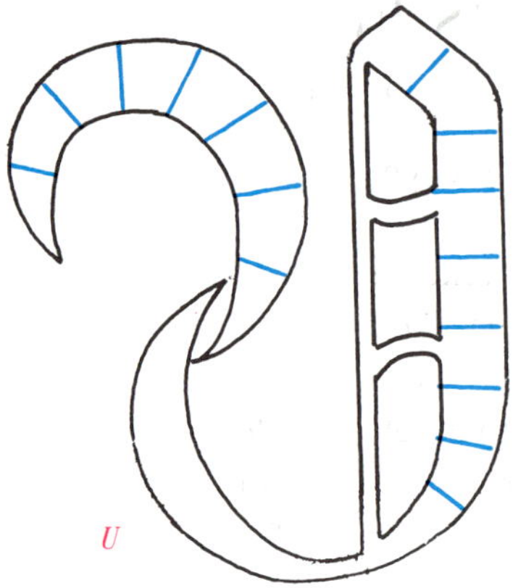

U

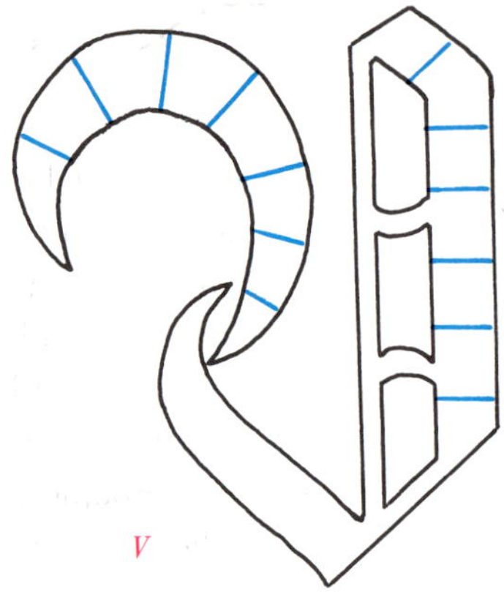

V

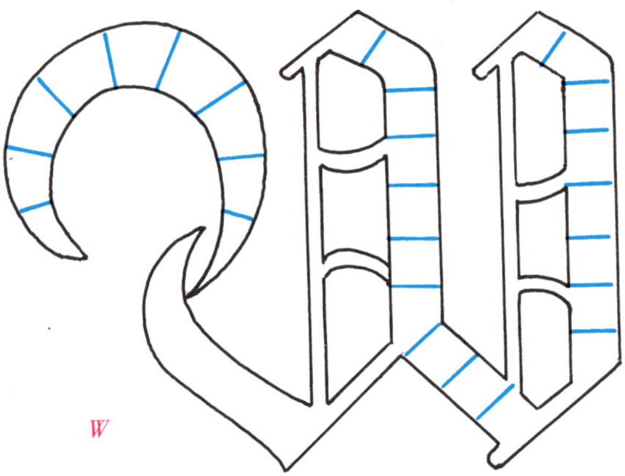

W

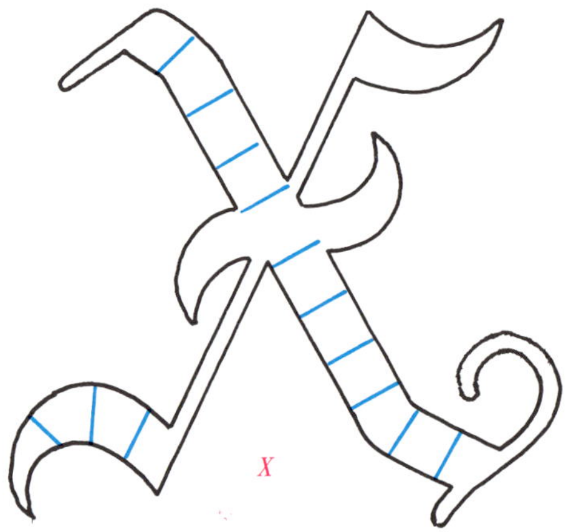

X

Y

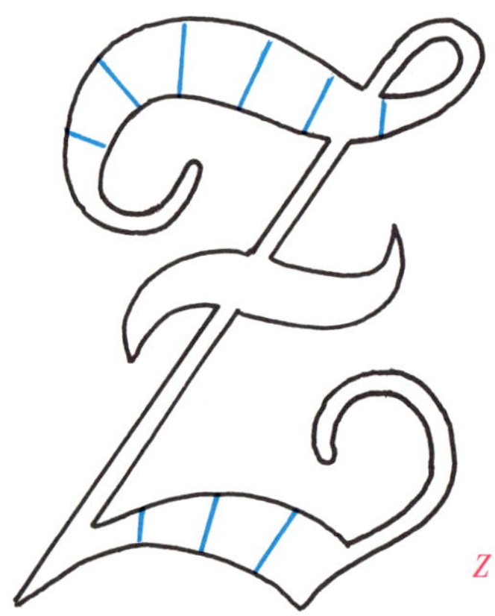

Z

KISSEN AUS FILZQUADRATEN

FOTO SEITE 64/65

MATERIAL: je 15 cm Dekofilz, 180 cm breit, in Grau, Schwarz, Türkis und Olivgrün; außerdem Perlgarn Stärke 5: 10 Docken in Schwarz und je 3 Docken in Grau, Olivgrün und Türkis; 1 Häkelnadel Nr. 2; ein Stück fester Karton; helles Schneiderkopierpapier; Pergamentpapier und 1 heller Buntstift.

Beim Filzkauf darauf achten, daß er mit ganz geraden Kanten zugeschnitten wird, weil kein Verschnitt berechnet ist.

SO WIRD'S GEMACHT: Das fertige Kissen mißt ca. 75 x 60 cm. Es besteht aus 40 Quadraten, jeweils 15 x 15 cm groß, 10 Stück in jeder Farbe. Auf dem Filz mit Lineal und hellem Buntstift die Schnittkanten von je 10 Quadraten markieren. Dann die Vierecke zuschneiden. Damit später beim Umstechen die Stiche gleichmäßig werden, sollten Sie erst einmal mit Hilfe einer Schablone Punkte auf die Filzteile malen. Dafür aus festem Karton ein Quadrat zuschneiden, das rundum 0,8 cm kleiner ist als ein Filzquadrat. An dessen Außenkanten deutlich sichtbar im Abstand von ca. 0,7 cm kurze Striche aufzeichnen: An jeder Seite sollen, gleichmäßig angeordnet, zwischen den Ecken 17 solcher Markierungen zu sehen sein. Die Schablone so auf den Filz legen, daß die Überstände rundherum gleich sind. Dann mit dem Buntstift an den markierten Stellen Punkte auf den Filz malen. In die Mitte aller Quadrate die unterschiedlichen Muster im Spannstich (Seite 13), Fischgrätenstich (Seite 59), Kettstich (Seite 66), Stielstich (Seite 12) und Knötchenstich (Seite 66) sticken. Dafür die fünf Motive mit Bleistift auf Pergamentpapier zeichnen und jeweils ein Muster nach Wunsch auf die Mitte eines Quadrates legen. Kopierpapier dazwischenschieben und alles mit Kugelschreiber nachzeichnen. Gestickt wird immer in einer zum Filz kontrastierenden Farbe, jedoch nicht in Schwarz. Nun die Teile im Schlingstich (siehe Seite 67) in Schwarz umstechen, dabei mit der Nadel immer an den markierten Punkten einstechen.

Die bestickten Quadrate nach Ihrer Vorstellung anordnen, und zwar 5 in der Breite, 8 in der Höhe. Dann zunächst immer 8 Quadrate von links zu Streifen aneinanderhäkeln. Die jeweiligen Teile rechts auf rechts legen, bei beiden Teilen an der entsprechenden Kante die erste Schlaufe des Schlingstichs erfassen und mit 2 festen Maschen zusammenhäkeln. Dann die nächsten Schlaufen erfassen, mit 2 festen Maschen zusammenhäkeln usw. Nicht zu fest arbeiten, damit sich die Kanten nicht zusammenziehen. Nun die Streifen auf die gleiche Weise zusammenfügen. Das fertige Teil zur Hälfte legen, die Seitenkanten ebenfalls zusammenhäkeln, ein Kissen beziehen und die untere Öffnung von rechts mit ein paar Häkelmaschen schließen.

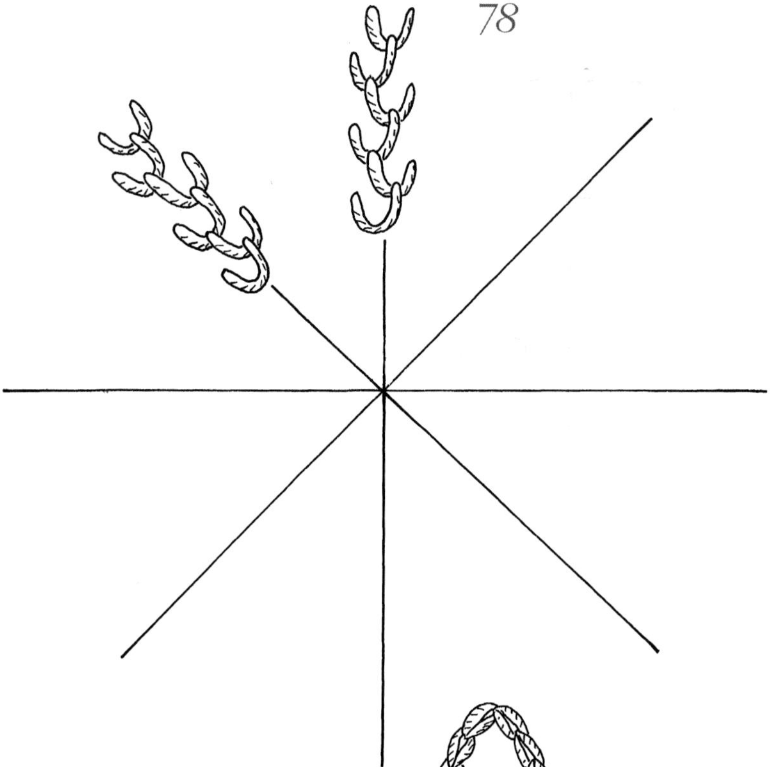

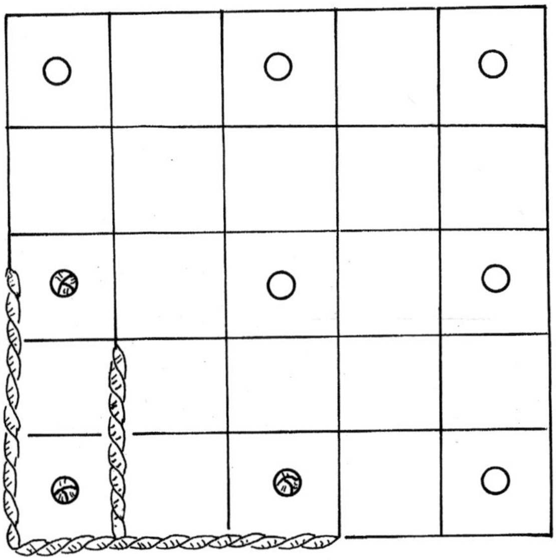

Leinenhandtuch mit prachtvoller Hohlsaumborte und Fransen (Anleitung Seite 90)

5. KAPITEL

HOHLSAUM

Hardanger

HOHLSAUM

Hohlsaumstickerei wirkt bei Tischdecken, Sets, Servietten und Leinenhandtüchern, aber auch bei Blusen sehr dekorativ. Hohlsaum ist eine Durchbrucharbeit. Dafür zieht man entweder Fäden aus einem Stoff heraus oder es werden, mit einem kleinen Abstand, zwei Stoffteile miteinander verbunden.

HOHLSAUM MIT AUSGEZOGENEN FÄDEN

Dafür sind nur Stoffe mit deutlich sichtbaren einzelnen Gewebefäden geeignet. Kett- und Schußfäden müssen gut herausziehbar sein und möglichst die gleiche Stärke haben, damit die Ecken quadratisch werden. Vor allem Stoffe aus Seide, Leinen und Baumwolle kommen dafür in Frage. Die Anzahl der auszuziehenden Fäden richtet sich nach der Gewebefeinheit: Bei sehr feinen Stoffen müssen Sie für einen 1 cm breiten Hohlsaum sehr viel mehr Fäden ausziehen als bei einem groben. Sollen zwei Hohlsäume an einem Eckpunkt zusammenstoßen, dürfen Sie die auszuziehenden Fäden nicht abschneiden. Sie

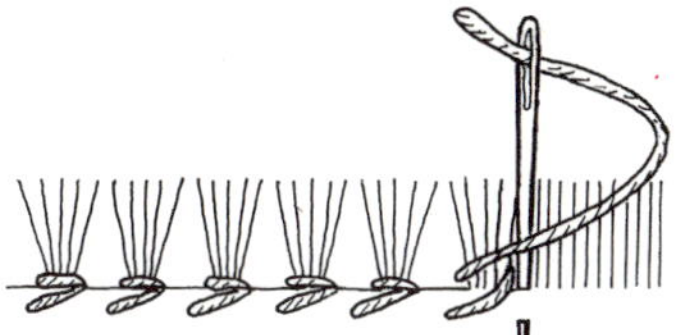

Einfacher Hohlsaum

Verschränkter Hohlsaum

Zickzackhohlsaum

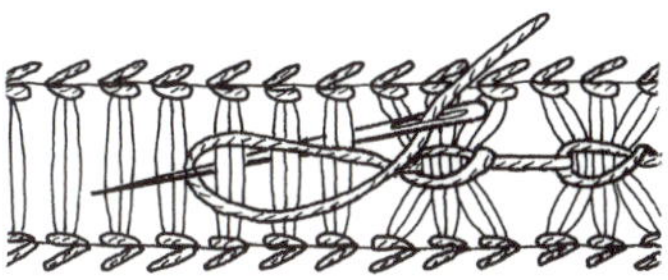

Sternchenhohlsaum

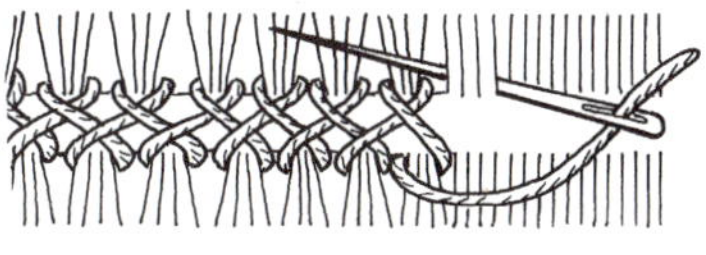

Hexenstichhohlsaum

Stäbchenhohlsaum mit Mittelstreifen

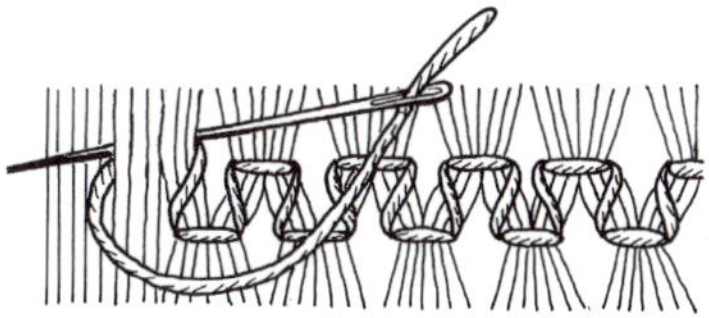

Büschelhohlsaum mit umwickelten Mittelstäbchen

Stäbchenhohlsaum

Doppelt verschränkter Hohlsaum

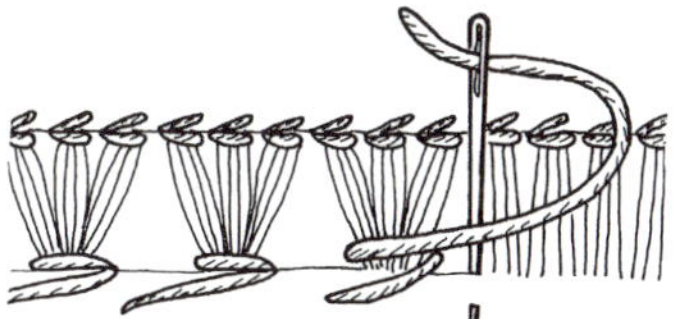

Büschelhohlsaum

bleiben stehen und werden später einzeln unsichtbar ca. 1 cm im Gewebe vernäht.

Mit geteiltem Sticktwistfaden (1-3fädig) oder dünnem Stickgarn immer 3-6 Längsfäden mit der Nadel zu einem Fadenbündel zusammenfassen. Dann je nach Stoffstärke jeweils 2-4 Gewebefäden tief in den Stoff einstechen. Nun die Stiche nach den jeweiligen Stickzeichnungen ausführen.

Vor dem Fadenausziehen sollten Sie an einem Stoffrest einen Probehohlsaum fertigen, um die beste Breite und Stichstärke für Ihren Stoff auszuprobieren. Die Zahl der gebündelten Fäden und die Stichtiefe sollten optisch gleich sein. In der Regel wird von links nach rechts gearbeitet. Bei zusätzlichen Zierstichen ergibt sich aber manchmal auch die andere Stickrichtung. Beim Sticken eines Hohlsaums kann gleichzeitig ein Saum mit festgehalten werden.

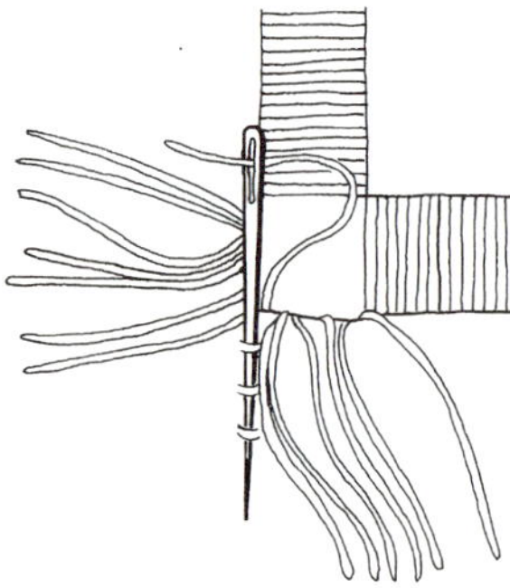

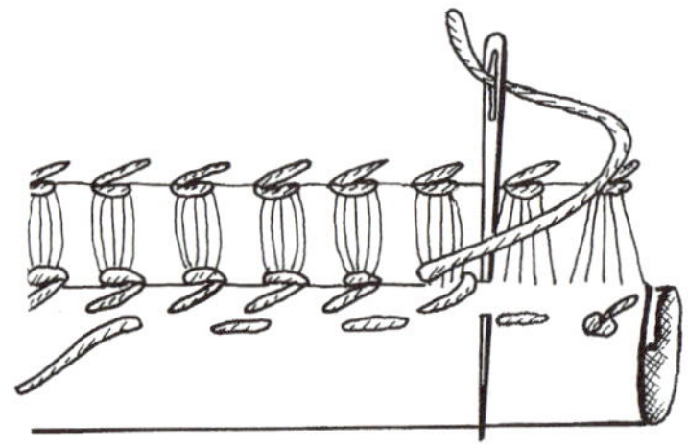

Beim Sticken wird der Saum festgehalten.

HOHLSAUM, DER ZWEI STOFFTEILE MITEINANDER VERBINDET

Bei dieser Stickart müssen vorher beide Kanten umgebügelt und geheftet werden. Nun gewünschte Stiche wie gezeichnet arbeiten. Es wird mit geteiltem Sticktwistfaden (2-4fädig) oder mit dünnem Stickgarn gestickt. Die Stiche sollten sehr gleichmäßig ausgeführt werden. Heftfäden zum Schluß herausziehen.

Hohlsaum mit Schlingstich

Russischer Hohlsaum

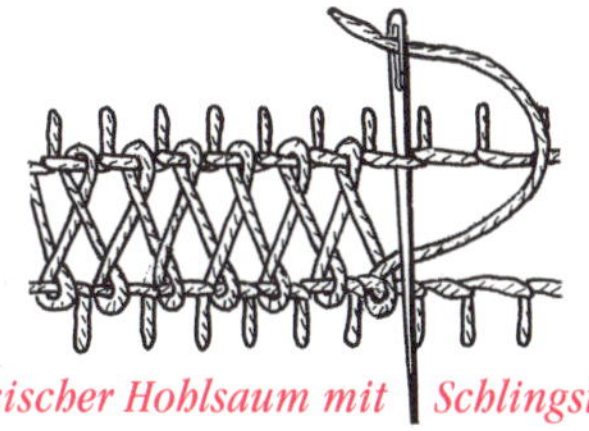

Russischer Hohlsaum mit Schlingstich

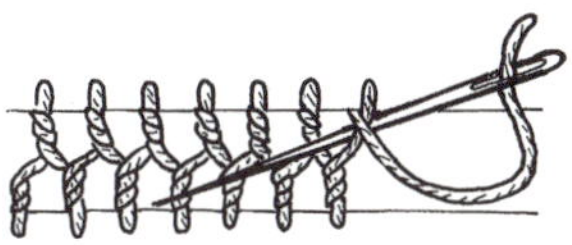

Wickelhohlsaum

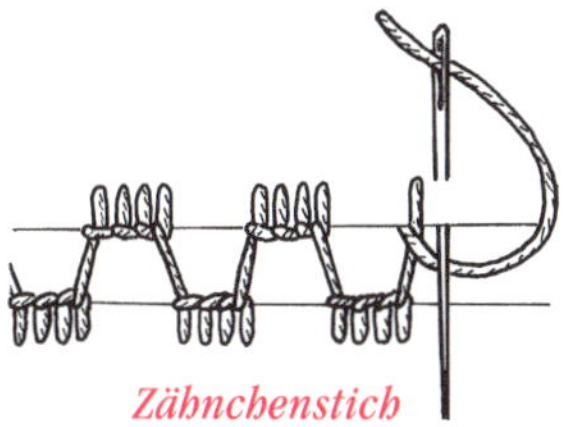

Zähnchenstich

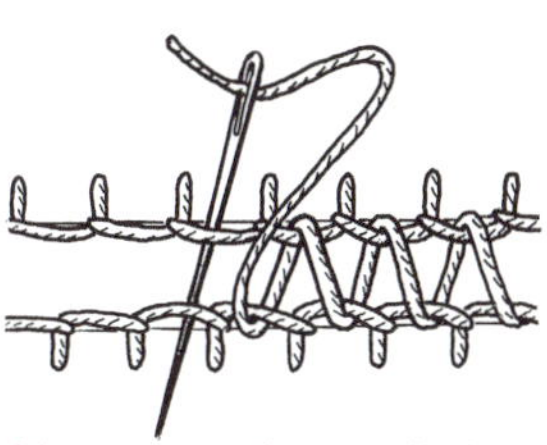

Hohlsaum mit überwendlichen Stichen

OBERTEIL MIT HOHLSAUMSTICKEREI

MATERIAL: 1,10 m feines Leinen (Kett- und Schußfäden müssen die gleiche Stärke haben), 90 cm breit; 2 Docken Sticktwist und Nähseide, alles lachsfarben oder in einem anderen Farbton.

SO WIRD'S GEMACHT: Das Leinen in zwei 55 x 55 cm große Teile schneiden. An den späteren oberen Kanten fadengerade jeweils einen doppelten 2 cm breiten Saum umbügeln und festheften. Nun über 3 mm unmittelbar am Saum Fäden ausziehen und einen Stäbchenhohlsaum (siehe Seite 83) mit geteiltem Faden (1fädig) arbeiten, dabei den Saumbeleg mitfassen. Dann bei einem Teil die vordere Mitte markieren. 3 cm von der oberen Kante mit dem Ausziehen der Fäden für das mittlere Quadrat beginnen (die Maße stehen neben dem Foto). Dabei darauf achten, daß an den End- und Eckpunkten die Fäden lang genug zum Vernähen sind. Nun das Hohlsaumquadrat nach dem Foto und der Zeichnung des Stäbchenhohlsaums mit geteiltem Faden (1fädig) arbeiten. Danach zu beiden Seiten dieses Quadrates im Abstand von 3 cm auf gleicher Höhe nochmals je ein Quadrat sticken. Die Heftfäden herausziehen. Zum Schluß die Teile rechts auf rechts legen und nach dem jeweiligen Oberweitenmaß die Seitennähte schließen und versäubern. An der unteren Kante einen doppelten 1 cm breiten Saum steppen. Aus dem restlichen Stoff zwei ca. 1 cm breite und 50 cm lange Träger arbeiten und an das Oberteil nähen.

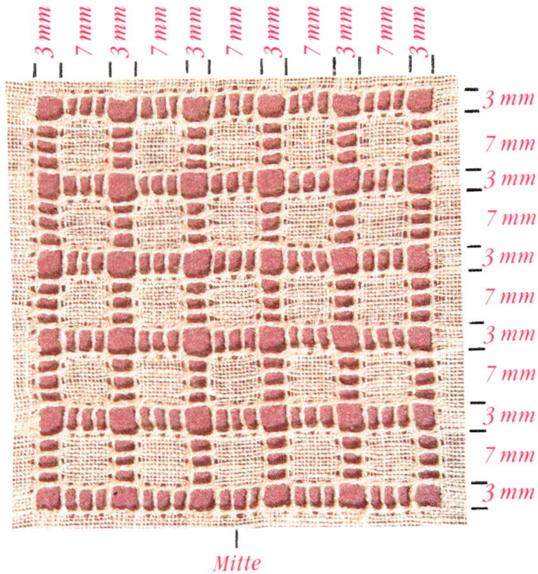

Hohlsaumstickerei an einem kleinen Oberteil

HOHLSAUMTUCH

MATERIAL: 32 x 32 cm feines weinrotes Leinen; 1 Docke weinroter Sticktwist.

SO WIRD'S GEMACHT: Das fertige Tuch ist 30 x 30 cm groß. Ringsherum einen 1 cm breiten doppelten Saum heften, die Ecken als Briefecken legen (siehe Seite 108) und mit der Hand zunähen. Nun unmittelbar oberhalb des Saumes über 3 mm bis jeweils an die Briefecken Fäden ausziehen. Die ausgezogenen Enden unter dem Saumbeleg verstecken und mit geteiltem Faden (1fädig) einen Stäbchenhohlsaum arbeiten, dabei den Saumbeleg mitfassen. Heftfäden herausziehen. Nun für die Hohlsaumecke nach den Maßen auf Foto und Zeichnung einen Sternchenhohlsaum arbeiten, mit einer Spinne am Eckpunkt. Er wird mit geteiltem Faden (2fädig) gestickt.

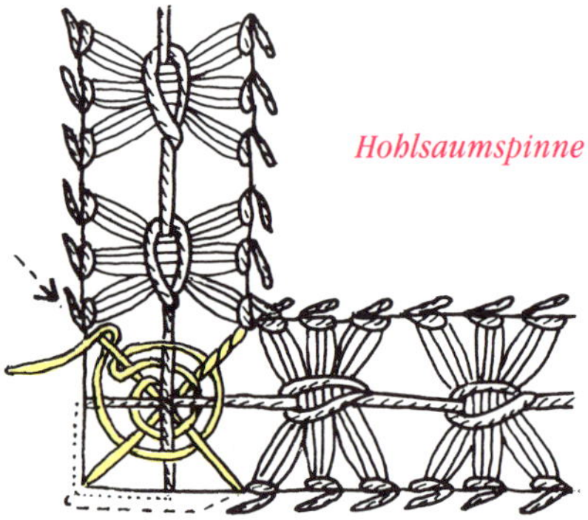

Hohlsaumspinne

Ein kleines Schmuckstück zum Verschenken ist dieses Tuch
mit Hohlsaumkanten und -ecke

HANDTUCH MIT HOHLSAUMBORTE UND FRANSEN

FOTO SEITE 80/81

MATERIAL: 1,60 m hanffarbenes Karoleinen, 100 cm breit (oder ein fertiges Leinenhandtuch); 2 Docken weißer Sticktwist; hanffarbene Nähseide.

SO WIRD'S GEMACHT: Das fertige Handtuch ist mit Fransen ca. 67 x 160 cm groß. Dafür das Leinen 70 cm breit zuschneiden. Die Maße der Schemazeichnung jeweils von den schmalen Schnittkanten aus auf der rechten Stoffseite markieren und die angegebenen Hohlsäume mit geteiltem Faden (3fädig) arbeiten. Jetzt die Fäden für die 15 cm langen Fransen ausziehen und die Fransen knüpfen. Erst je 6 Fäden dicht an der Stoffkante zum Knoten schlingen. Dann diese Fäden wieder teilen, d. h. von jedem Fadenbündel 3 Fäden nehmen und diese 6 Fäden, 2 cm von der oberen Knotenreihe entfernt, wieder miteinander verschlingen. Die Seitenkanten zweimal sehr schmal zur linken Stoffseite bügeln und knappkantig feststeppen.

HARDANGER

Hardanger ist eine traditionelle Sticktechnik aus Skandinavien. Sie eignet sich gut für Kissen, Tischdecken und Läufer. Diese Stickerei ist fadengebunden. Sie kann auf speziellen Hardangerstoffen, aber auch auf glatten Handarbeitsstoffen mit klarer Gewebestruktur ausgeführt werden. Stickmaterial ist meistens Perlgarn oder Sticktwist. Gestickt wird mit einer Nadel ohne Spitze. Bei dieser Durchbrucharbeit werden die Motivränder mit einem geraden Plattstich befestigt: waagerecht bzw. senkrecht zwischen jedem Gewebefaden (Foto 1).

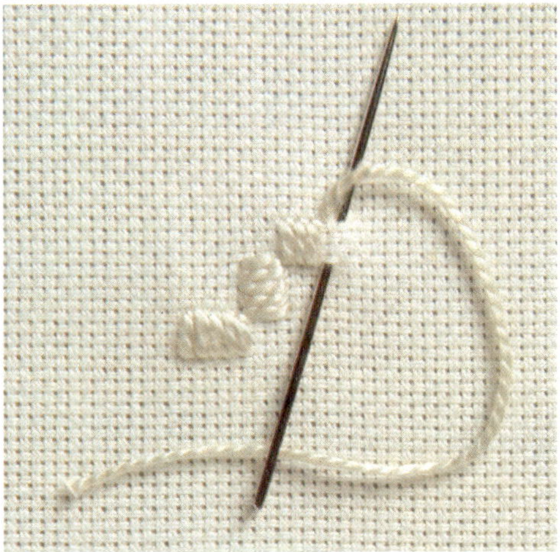

1

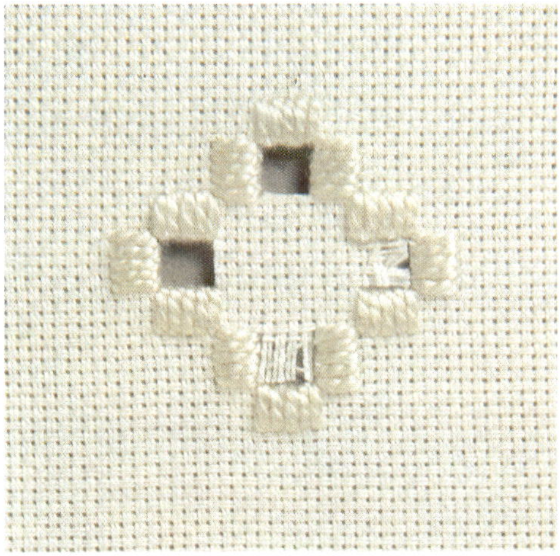

2

3

4

Sind alle Ränder gesichert, werden die Fäden dicht innerhalb der Plattstichgruppen mit einer spitzen Schere vorsichtig ausgeschnitten (Foto 2). Die abgeschnittenen Fäden innerhalb der Befestigung ausziehen. Dadurch entsteht ein durchbrochenes Gitter (Foto 3). Die aus jeweils 4 freiliegenden Gewebefäden bestehenden Gruppen durch dichtes Umwickeln befestigen. Dafür mit der Nadel abwechselnd von jeder Seite zwei Gewebefäden erfassen (Foto 4).

HARDANGERDECKCHEN

MATERIAL: 36 x 46 cm blauer Handarbeitsstoff (Hardanger, 87 Stiche auf 10 cm); 2 Docken blauer Sticktwist.

SO WIRD'S GEMACHT: Die kleine Decke hat eine fertige Größe von 30 x 40 cm. Ringsherum fadengerade einen 1,5 cm breiten doppelten Saum heften, die Ecken als Briefecken (siehe Seite 108) bügeln und mit der Hand zunähen. Nun unmittelbar über dem Saum an jeder Seite zwei Gewebefäden bis zur jeweili-

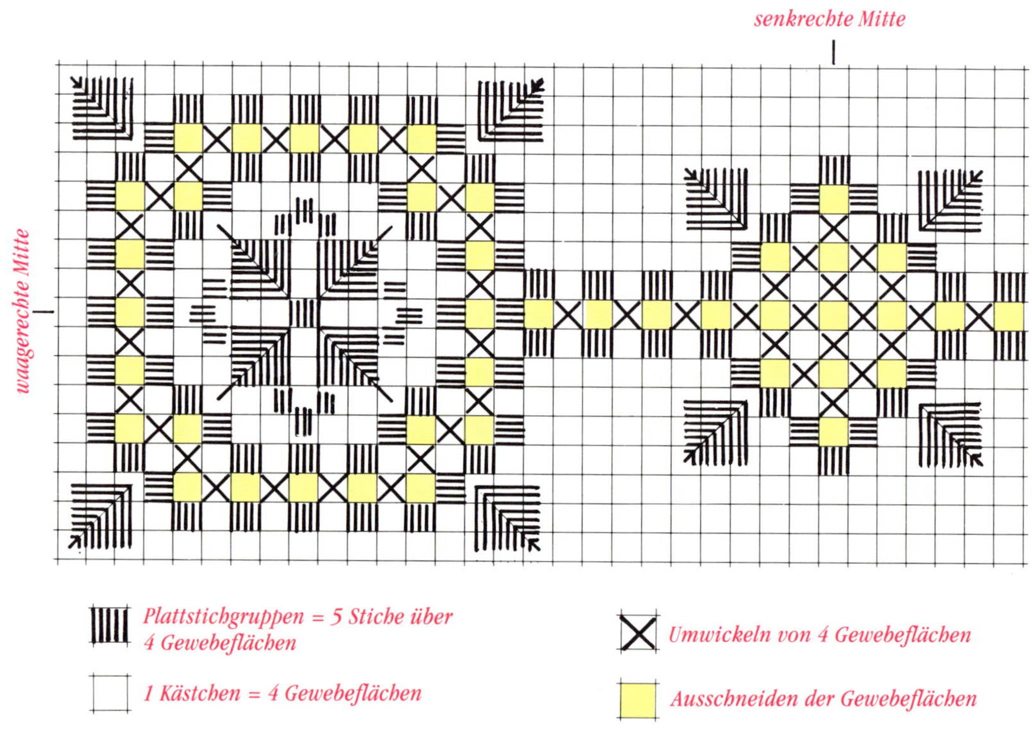

gen Briefecke ausziehen. Die Fadenenden unter dem Saumbeleg verstecken und einen einfachen Hohlsaum mit geteiltem Stickfaden (2fädig) arbeiten, dabei den Saumbeleg mit festhalten. Die Heftfäden herausziehen. Nun auf dem Stoff die waagerechte und senkrechte Mitte markieren und nach der stichgenauen Zählvorlage bis zur senkrechten Mitte arbeiten. Von dort die Stickerei gegengleich ausführen. Die Plattstiche in der Mitte des großen Motivs und die Eckmotive in der jeweils gezeichneten Länge ausführen. Der Plattstich wird mit ganzem Stickfaden (6fädig) gestickt. Die Gewebefäden werden mit geteiltem Faden (4fädig) umwickelt. Zum Schluß alles vorsichtig bügeln.

Nach altem Vorbild neu gemacht: Deckchen mit Hardangerstickerei

Schön für Ihren Schmuck: kleine Beutel mit feiner Stickerei (Anleitung Seite 98)

6. KAPITEL

PLATTSTICH

Nadelmalerei

PLATTSTICH

Ganz besondere gestickte Kostbarkeiten entstehen in der Plattstichtechnik. Sie wirkt sehr edel auf glatten Stoffen wie Seide, Leinen und Baumwolle, kann aber auch auf Wollstoffen, Samt oder Frottee ausgeführt werden. Der Plattstich wird bei geraden, länglichen oder runden Formen angewandt, die man als freie Konturzeichnung auf den Stoff überträgt (siehe Seite 9).

Der Plattstich sollte immer in einem Stickrahmen gearbeitet werden. Gestickt wird mit Sticktwist, meist mit geteiltem Faden (2- oder 3fädig). Je feiner Stoff und Zeichnung, desto dünner der Arbeitsfaden.

Der Plattstich besteht aus dicht aneinandergelegten Spannstichen (siehe Seite 13), die entweder gerade (Zeichnung 1) oder schräge (Zeichnung 2) die Muster ausfüllen. Bei breiten Motiven bedecken kurze, ineinandergreifende Stiche (Zeichnung 3) die Fläche. Kreise werden von der breitesten Stelle aus zu beiden Seiten hin gearbeitet. Sollen Motive besonders plastisch erscheinen, werden sie zunächst mit kleinen Vorstichen (siehe Seite 12) in entgegengesetzter Richtung zum Plattstich unterlegt (Zeichnung 4).

Der Plattstich ist einfach zu sticken. Es kommt aber darauf an, die Stiche so gleichmäßig anzuordnen, daß die Oberfläche der Stickerei glatt und seidig erscheint. Die Stiche können von links nach rechts und von oben nach unten ausgeführt werden oder umgekehrt.

1

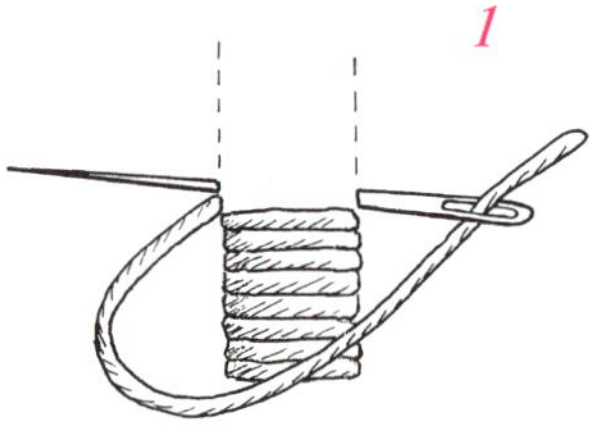

2

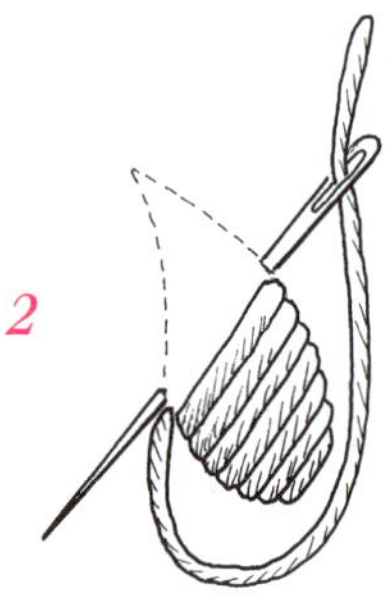

3

4

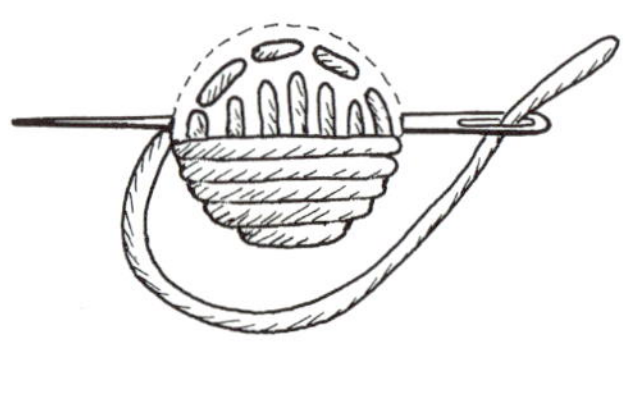

97
NADELMALEREI

Wie der Name sagt: Hier wird mit der Nadel „gemalt“. Der weiche Verlauf der Farben wird durch einen ineinandergreifenden Plattstich erziehlt. Geeignet sind glatte Stoffe (Seide, Baumwolle, Leinen), gestickt wird mit Sticktwist. Auch hier gilt wie beim Plattstich: je feiner Stoff und Zeichnung, desto dünner der Arbeitsfaden. Das Motiv, wie auf Seite 9 beschrieben, auf den Stoff zeichnen und in einen Stickrahmen spannen.

Bevor Sie mit einer aufwendigen Stikkerei beginnen, sollten Sie die Nadelmalerei an einem kleinen Motiv mit kräftigen Farben ein bißchen üben.

In der ersten Reihe wechseln dicht nebeneinanderliegend lange und kurze Spannstiche einander ab. Bei der zweiten und jeder weiteren Reihe wird die Farbe des Fadens um eine Schattierung verändert und die Stiche greifen, bei gleicher Länge, in die Stiche der Vorreihe. Auf diese Weise bekommen zum Beispiel Schmetterlinge oder eine exotische Blüte ihr fast naturgetreues Aussehen (siehe Foto Seite 105).

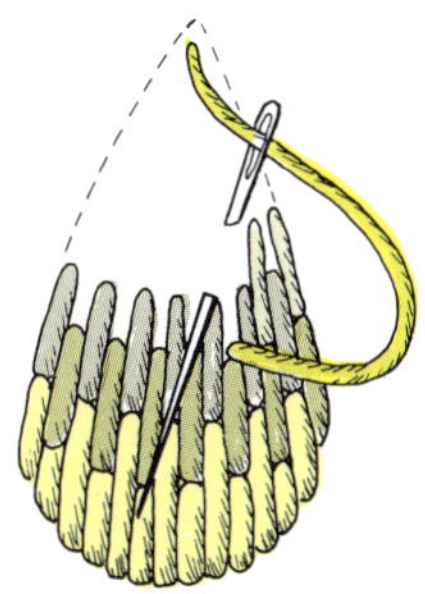

SCHMUCKBEUTEL

99

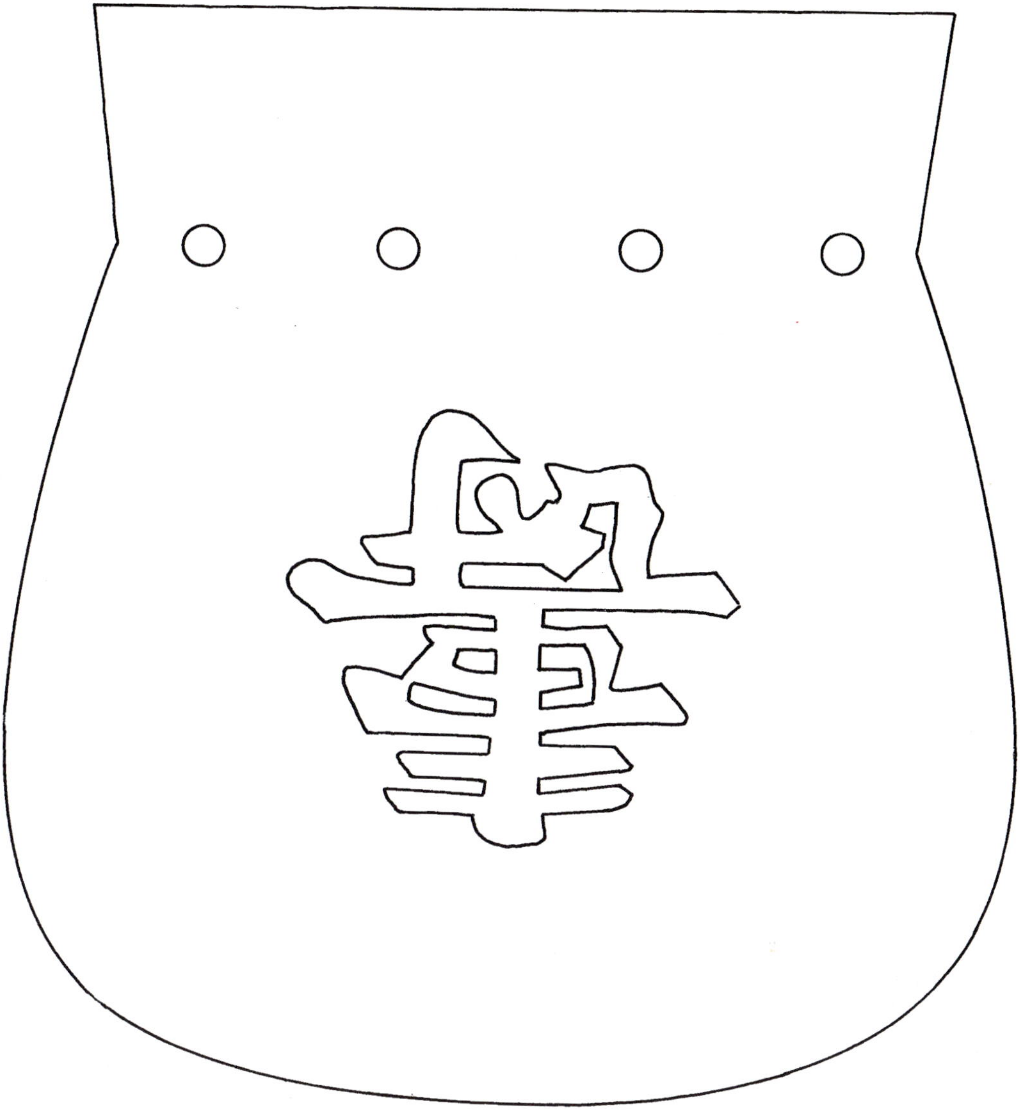

MATERIAL: 20 x 36 cm Filz in einer gewünschten Farbe, dazu farblich passend 0,90 m Kordel und Nähseide; Sticktwistreste in vielen verschiedenen Farben; 18 x 20 cm Organza; Pergamentpapier; Fixativspray; Stickrahmen.

SO WIRD'S GEMACHT: Den Filz in zwei 18 x 20 cm große Teile schneiden. Das gewünschte Motiv mit der Schnittkontur und den Durchzuglöchern auf Organza übertragen (siehe Seite 9), auf ein Filzteil heften und alles in den Stickrahmen spannen. Nun mit geteiltem Faden (2fädig) in Nadelmalereitechnik nach den Farben des jeweiligen Fotos sticken. Das chinesische Schriftzeichen in einer Farbe im Plattstich arbeiten. Zum Schluß die beiden Filzteile von rechts an der Schnittkontur bis zur Höhe der Löcher zusammensteppen. Die Kanten ringsherum mit einer Zackenschere versäubern. Mit einer Lochzange an den markierten Stellen Löcher ausstanzen. Den Organza rund um die Stickerei und von beiden Seiten dicht an der Naht abschneiden. Restliche Fäden mit einer Pinzette auszupfen. Die Kordel in zwei gleiche Teile teilen und jeweils ein Teil von jeder Seitennaht aus durch die Löcher ziehen, die Enden miteinander verknoten.

GUTEN-MORGEN-SET

MATERIAL: 1 weißes Set aus Leinen oder Baumwolle; Sticktwist in verschiedenen Farben (für ein einfarbiges Wort mit 10 Buchstaben 1 Docke); Organza (Größe nach Schriftlänge plus Zugabe); Stickrahmen; Pergamentpapier und umweltfreundliches Fixativspray.

SO WIRD'S GEMACHT: Das gewünschte Wort aus dem Alphabet (Seite 102/103) auf Pergamentpapier zusammensetzen und auf Organza übertragen (siehe Seite 9). Nun diese Mustervorlage auf das Set heften, in den Stickrahmen spannen und mit geteiltem Faden (2fädig) im Plattstich aussticken. Zum Schluß den Organza rund um die Stickerei abschneiden, restliche Fäden mit einer Pinzette auszupfen, dann das Set vorsichtig von links dämpfen.

Zum Frühstück: „Guten Morgen“ in vielen Sprachen gestickt

A B C D E

J K L M

S T U V

a b c d e f g h i j k

v w x y z 1 2 3 4

FGHI

NOPQR

XYZ

mnopqrstu

567890

HEMD MIT SCHMETTERLINGEN

MATERIAL: 1 weißes Oberhemd; Sticktwist in vielen bunten Farben; Organza für 12 Schmetterlinge (11 x 11 cm je Motiv); kleiner Stickrahmen (ca. 7 cm Ø); Pergamentpapier und Fixativspray.

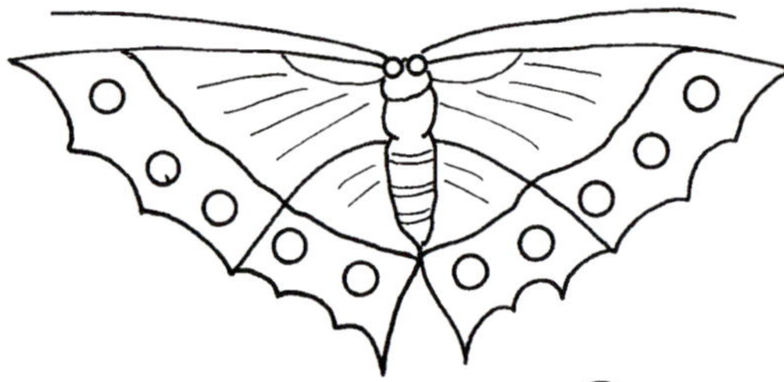

SO WIRD'S GEMACHT: Alle Schmetterlinge auf Pergamentpapier durchzeichnen und jeden zweimal auf Organza übertragen (siehe Seite 9). Nun diese Mustervorlagen wie auf dem Foto auf der oberen Hemdhälfte und auf dem Kragen verteilen. Sind alle Schmetterlinge richtig plaziert, den Organza aufheften. Nacheinander jedes Motiv in den Stickrahmen spannen. Alles im Plattstich sowie in der Technik der Nadelmalerei sehr bunt mit Sticktwist aussticken (Farben siehe Foto). Bei größeren Flächen mit geteiltem Faden (2fädig), bei dünnen Linien wie Fühler, Beinchen und Konturen in den Flügeln 1fädig sticken. Die kleinen Augen werden 1fädig im Knötchenstich (siehe Seite 66) gearbeitet. Sind alle Schmetterlinge fertig, den Organza rundherum abschneiden und restliche Fäden mit einer Pinzette auszupfen. Zum Schluß alles vorsichtig von links dämpfen.

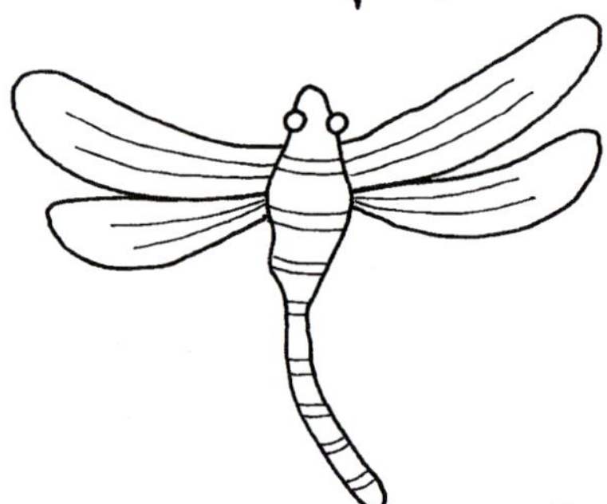

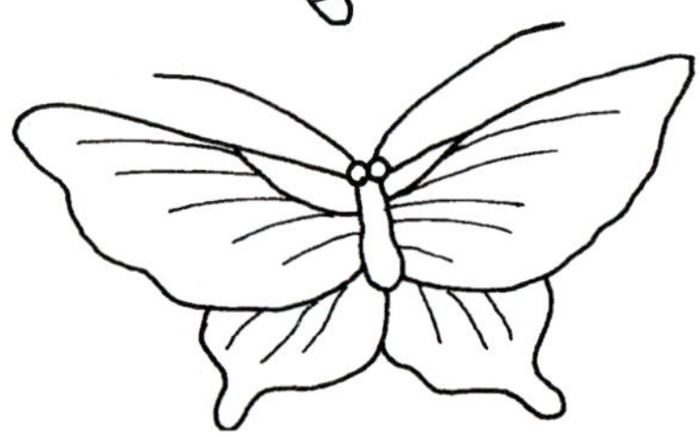

Auf ein weißes Hemd werden mit der Nadel bunte Schmetterlinge „gemalt“

Chinesische Motive sehen auf einer Tasche oder Jacke bildschön aus

107

CHINESISCHE NADELMALEREI

MATERIAL: je Farbe 1 Docke Sticktwist. Auf dunkelblauem Seidensatin sind am wirkungsvollsten: Lila, Flieder, Wasserblau, Hellgelb, Gelb, Helloliv, Dunkeloliv, Grün, Lindgrün, Helltürkis und Dunkeltürkis. Außerdem: 25 x 30 cm Organza; Pergamentpapier; Fixativspray; Stickrahmen.

SO WIRD'S GEMACHT: Die Zeichnung auf Pergamentpapier durchzeichnen und auf Organza übertragen, wie auf Seite 9

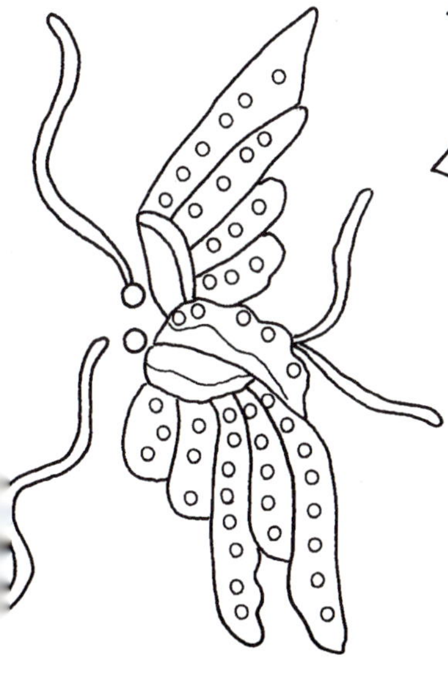

beschrieben. Den Organza auf die gewünschte Stelle eines Stoffes heften. Die Anordnung der Farben ist aus dem Foto ersichtlich. Die Arbeit in den Stickrahmen spannen und mit geteiltem Faden (2fädig) die Flächen im Plattstich und im ineinandergreifenden Plattstich aussticken, die Blattadern im Stielstich (siehe Seite 12), die Linien in den Blütenblättern im Spannstich (siehe Seite 13), die Blütenmitten und die Punkte auf dem Schmetterlingsflügel im Knötchenstich (siehe Seite 66). Zum Schluß den Organza rund um die Stickerei abschneiden und restliche Fäden mit einer Pinzette auszupfen.

SO ENTSTEHT EINE BRIEFECKE

Bei Sets und Servietten, aber auch bei Tischdecken, die ringsherum eine gleichbreite Blende haben, sieht es am schönsten aus, wenn Sie die Ecken als Briefecken arbeiten.

SO WIRD'S GEMACHT: Die gewünschte Blendenbreite plus 1 cm Nahtzugabe auf die linke Stoffseite kippen, leicht anbügeln. Alle vier Ecken diagonal mit Stecknadeln feststecken, die Bügelkanten der Ecken müssen dabei genau übereinander liegen (Zeichnung 1). Nun entlang der Linie der Stecknadeln alle vier Ecken von der Spitze bis zur Nahtzugabe steppen. Dann die Ecken auf Nahtbreite abschneiden (Zeichnung 2) und auseinanderbügeln (Zeichnung 3). Die ganze Blende nach rechts wenden und fest anbügeln. Die Nahtzugabe nach innen biegen, ringsherum feststecken, die Blende aufsteppen (Zeichung 4).

Sie können die Blende auch zur linken Stoffseite arbeiten. In diesem Fall wird am Anfang die Blendenbreite plus Nahtzugabe nach rechts gekippt. Beim fertigen Teil ist auf der rechten Stoffseite dann nur eine Steppnaht sichtbar.

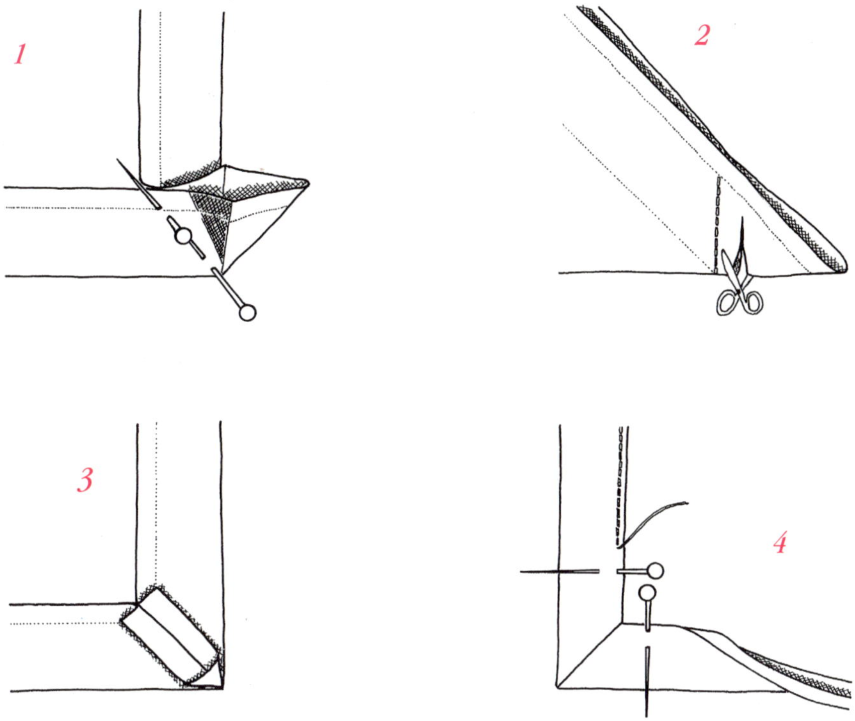

ALPHABET UND KLEINE GLÜCKSBRINGER

MATERIAL: Sticktwist in vielen bunten Farben; Organza (Motivgröße plus rundherum 5 cm Zugabe); Stickrahmen; Pergamentpapier und Fixativspray.

SO WIRD'S GEMACHT: Das gewünschte Monogramm und/oder Motiv auf Pergamentpapier durchzeichnen und auf Organza übertragen (siehe Seite 9). Diese Vorlage z. B. auf ein Taschentuch, eine Bluse, ein Hemd oder einen Schal heften. Die Arbeit in den Stickrahmen spannen und die Flächen im Plattstich oder im ineinandergreifenden Plattstich mit geteiltem Faden (2fädig) aussticken. Linien im Stielstich (siehe Seite 12) und Punkte als Knötchen (siehe Seite 66) arbeiten. Farbvorschläge sind auf dem Foto Seite 110 zu sehen. Zum Schluß den Organza rund um die Stickerei abschneiden und restliche Fäden mit einer Pinzette auszupfen.

Für liebe Freunde: Suchen Sie den passenden Glücksbringer aus, und ergänzen Sie ihn d

Monogramm.

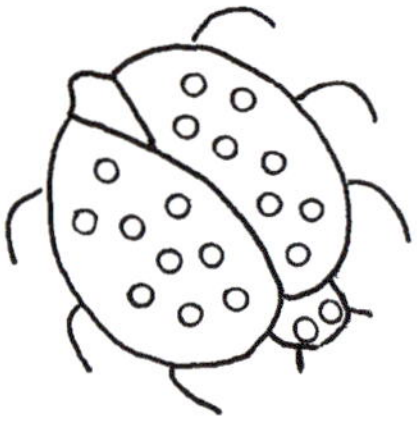

ABCDEFGHIJ
KLMNOPQRS
TUVWXYZ
1234567890

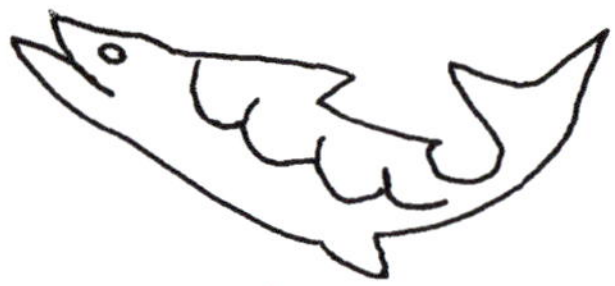

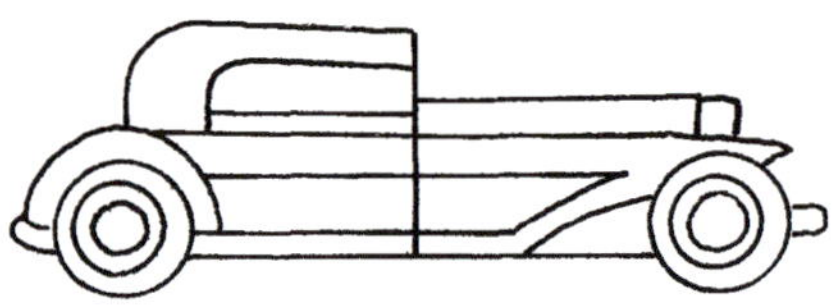

Zum Schlafen zu schade sind diese Paradekissen mit Weißstickerei (Anleitungen Seite 12

Seite 122)

7. KAPITEL

WEISS-STICKEREI

Langettenkanten

WEISS-STICKEREI

Die Weißstickerei heißt so, weil sie früher nur mit weißem Garn auf weißem Stoff gearbeitet wurde. Charakteristisch für diese Technik sind löchrige Motive und Stege, die – umstickt – ausgeschnittene Musterformen verbinden. Diese Stickart läßt sich gut mit dem Plattstich kombinieren. Sie wird auf Leinen, Halbleinen oder feinen Baumwollstoffen ausgeführt und grundsätzlich in einem Stickrahmen gearbeitet. Wie man die Motive auf den Stoff zeichnet, steht auf Seite 9. Bei der Weißstickerei wird kein Organza benutzt. Gestickt wird mit geteiltem Sticktwist oder dünnem glattem Baumwollgarn. Zuerst alle Konturen des Motivs mit kleinen Vorstichen (siehe Seite 12) „nachzeichnen". Anschließend mit kleinen dichten Schlingstichen (siehe Seite 67) die äußere Motivform arbeiten. Nun an der inneren Kontur des Musters dichte Schlingstiche jeweils bis zu dem Punkt sticken, an dem ein Steg entstehen soll. Drei Spannstiche (sie liegen auf dem Stoff) von einer Seite zur anderen ausführen, dabei die Fäden nicht zu stramm anziehen. Die Spannstiche mit kleinen Schlingstichen umstechen und weitersticken bis zum nächsten Steg. Die fertige Stickerei von links bügeln. Nun die auszuschneidenden Flächen mit einer scharfen Stickschere vorsichtig dicht an der Schlingstichkante wegschneiden. Die Stege bleiben stehen und verbinden die Musterformen. Bei einem Rundloch die Linie ebenfalls mit Vorstichen nachzeichnen und das Loch kreuzweise einschneiden. Mit einem Pfriem den eingeschnittenen Stoff auf die linke Seite biegen und das Loch mit kurzen, dichten Stichen (Schnurstich) umstechen.

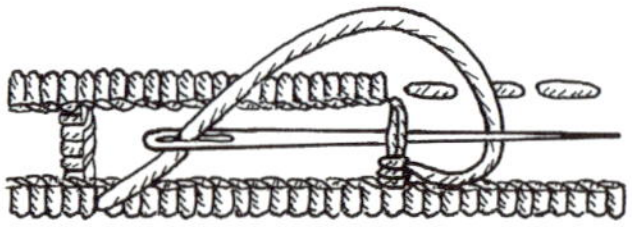

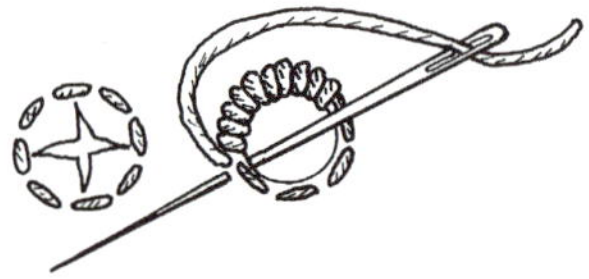

LANGETTENKANTEN

Eine Kante aus Langettenbögen ist ein schöner Abschluß, zum Beispiel bei einem Kissen mit Weißstickerei. Aber auch ein kleines Taschentuch wird durch eine Langettenkante kostbar. Die Bögen werden in gewünschter Länge mit dem Eckmotiv auf Pergamentpapier gezeichnet und auf den Stoff übertragen, wie auf Seite 9 beschrieben. Es wird kein Organza verwendet. Beim Aufzeichnen sollten Sie darauf achten, daß über dem höchsten Punkt der Bögen noch gut 1 cm Stoff stehenbleibt: Sie können dann besser sticken. Mit

Nicht nur in Weiß schön: vielerlei Kanten für Tücher und Wäsche

Vorstichen (siehe Seite 12) werden die Konturen nachgezeichnet und die Bögen unterlegt, damit die Langetten später plastisch herauskommen. Als Deckstich arbeitet man jetzt dicht an dicht mit Schlingstichen (siehe Seite 67), die immer über die ganze Bogenbreite gehen: Am Anfang eines Bogens sind sie kurz, zur Bogenmitte hin werden sie immer länger. Die Schlingstichkante liegt auf dem äußeren Bogen. Ist die Stickerei fertig, alles von links bügeln und mit einer spitzen Stickschere den überstehenden Stoff vorsichtig abschneiden. Die abgebildeten Langettenkanten sind alle mit geteiltem Faden (2fädig) gearbeitet. Bei dem Blattmotiv werden die Doppellinien im dichten Schlingstich, die einfachen Linien im Stielstich (siehe Seite 12) gestickt. Sie können bei einzelnen Motivteilen die Doppellinien aber auch im Stielstich arbeiten (Foto S. 117).

MONOGRAMM AUF EINER LEINENBLUSE

MATERIAL: weiße Leinenbluse; 1 Docke weißer Sticktwist; Pergamentpapier; Stickrahmen.

SO WIRD'S GEMACHT: Die gewünschten Buchstaben aus dem Alphabet (siehe Seite 73-76) einschließlich der farbigen Linien auf Pergamentpapier durchzeichnen. Die blauen Linien sind später Stege. Wie man die Zeichnung auf die Bluse überträgt, steht auf Seite 9. Soll das Monogramm auf eine Blusentasche gestickt werden, muß die Tasche vorsichtig abgetrennt und nach dem Besticken wieder aufgesteppt werden. Die Arbeit in den Stickrahmen spannen und mit geteiltem Faden (2fädig) mit kleinen dichten Schlingstichen zuerst die Konturen mit den Stegen sticken. Danach alle anderen Flächen im Plattstich (siehe Seite 96) ausfüllen. Zum Schluß an den Schlingstichkanten unter den Stegen den Stoff vorsichtig mit einer spitzen Schere wegschneiden.

Weiß in Weiß: ein edles Monogramm auf einer Blusentasche

KISSEN MIT ORNAMENT

FOTO SEITE 114/115

MATERIAL: 0,60 m weißer Baumwollstoff, 100 cm breit; 9 Docken Sticktwist in Weiß; Fixativspray; Pergamentpapier; Stickrahmen; weißes Nähgarn.

SO WIRD'S GEMACHT: Die fertige Kissenhülle ist ca. 48 x 48 cm groß. Zuerst eine Zeichnung auf Pergamentpapier anfertigen: Für die äußere Kante an allen 4 Seiten 8 Bögen aufzeichnen, die jeweils durch ein Eckmotiv verbunden sind. Nun genau die Mitte markieren, indem Sie eine waagerechte und eine senkrechte Linie jeweils zwischen dem 4. und 5. Bogen ziehen. Vom Kreuzungspunkt aus 8mal das Motiv als Rosette aufzeichnen. Jetzt von dem Stoff 51 x 60 cm abschneiden und die Zeichnung übertragen, wie auf Seite 9 beschrieben. Zuerst wird das große Rosettenmotiv gearbeitet, dann die Langettenkante. Die Arbeit in den Stickrahmen spannen und mit geteiltem Faden (3fädig) mit kleinen dichten Schlingstichen (siehe Seite 67) Konturen und Stege sticken. An manchen Stellen treffen drei Stege zusammen. Hier wird dann zuerst ein langer Steg gearbeitet, und von der gegenüberliegenden Linie

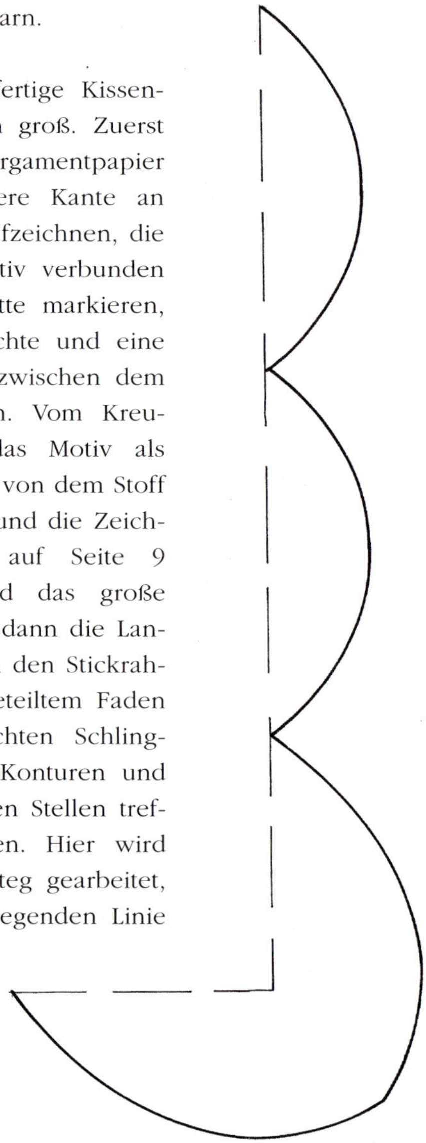

kommt später ein kurzer dazu. Die grauen Flächen in der Zeichnung werden zum Schluß an den Schlingstichkanten unter den Stegen vorsichtig mit einer spitzen Schere aus dem Stoff geschnitten. Ist das Mittelmotiv fertig, die Langettenbögen mit kurzen dichten Schlingstichen umstechen und alles von links bügeln. Dann mit einer spitzen Stickschere an der Schlingstichkante unter den Stegen und an den Langettenbögen den Stoff wegschneiden. Aus dem restlichen Stoff für die Rückseite des Kissens zwei Teile zuschneiden: einmal 43 x 43 cm und einmal 43 x 14 cm groß. Bei beiden Teilen über die Breite von 43 cm an einer Seite einen 1 cm breiten Saum steppen. An den anderen Kanten 1 cm Nahtzugabe nach innen bügeln. Die Saumkante des schmalen Teils so weit unter die Saumkante des großen Teils schieben, daß ein 41 cm großes Quadrat mit Schlitz entsteht. Dieses Teil von links auf die bestickte Kissenvorderseite stecken und knappkantig aufsteppen.

KISSEN MIT SCHMETTERLING

FOTO SEITE 114/115

MATERIAL: 0,35 m weißer Baumwollstoff, 90 cm breit; 1 Docke weißer Sticktwist; Pergamentpapier; weißes Nähgarn; Stickrahmen.

SO WIRD'S GEMACHT: Das fertige Kissen ist 28 x 28 cm groß und sieht fast wie ein Briefkuvert aus. Zuerst nach dem Schnittschema einen Papierschnitt anfertigen, auf den Stoff legen und rundherum die Kanten und Brüche mit Schneiderkreide markieren. Nun den Schmetterling und die Langettenkante auf Pergamentpapier zeichnen, dabei die Bögen auf das im Schnittschema angegebene Maß verlängern. Die Zeichnung auf den Stoff übertragen, wie auf Seite 9 beschrieben. Die Arbeit in den Stickrahmen spannen und alles mit geteiltem Faden (2fädig) sticken. Zuerst mit kleinen dichten Schlingstichen die Konturen des Schmetterlings mit den Stegen arbeiten. Dann den Körper und die Punkte an den Fühlerenden im Plattstich (siehe Seite 96), die Fühler im Stielstich (siehe Seite 12) sticken. Nun die Langettenkante arbeiten. Zum Schluß an den Langettenbögen und an den Schlingstichkanten unter den Stegen (den in der Zeichnung grauen Flächen) den Stoff vorsichtig mit einer spitzen Schere wegschneiden. Danach an der schmalen Stoffkante einen 1 cm breiten Saum steppen, die Seitennähte des Kissens zusammennähen, die Nahtzugaben auf 1 cm zurückschneiden und versäubern.

14
14
14
5
Bruch
28
Bruch
28
Fadenlauf
28

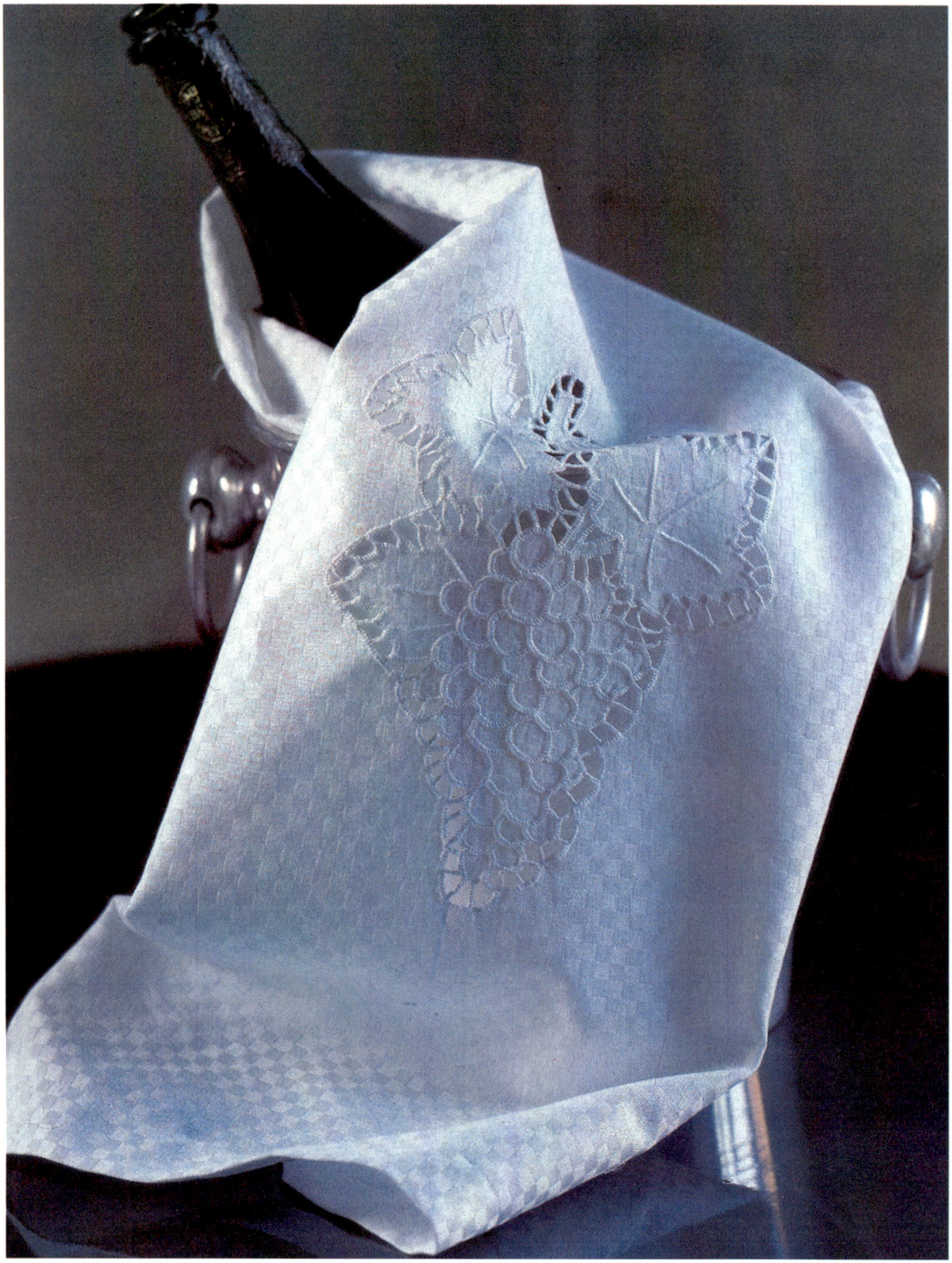

Passend zum Getränk: Servietten mit Weintraube in Weißstickerei

SERVIETTE MIT WEINTRAUBE

MATERIAL: 1 große weiße Serviette; 1 Docke weißer Sticktwist; Pergamentpapier; Stickrahmen.

SO WIRD'S GEMACHT: Das Motiv auf Pergamentpapier durchzeichnen und, wie auf

Seite 9 beschrieben, auf eine gewünschte Stelle der Serviette übertragen. Sie sollten vorher die Serviette falten, damit das Motiv später an der richtigen Stelle sitzt. Nun die Arbeit in den Stickrahmen spannen und alles mit geteiltem Faden (2fädig) sticken. Die Beeren und Stiele mit kleinen, dichten Schlingstichen, die Konturen der Blätter und der Traube mit den Stegen ebenfalls mit kleinen, dichten Schlingstichen und die Blattadern im Stielstich (siehe Seite 12) arbeiten. Die grauen Flächen in der Zeichnung werden zum Schluß vorsichtig mit einer spitzen Schere aus dem Stoff ausgeschnitten.

EIN HERZ AUF EINEM TASCHENTUCH

MATERIAL: 1 weißes Taschentuch; 1 Dokke blauer Sticktwist; Pergamentpapier; kleiner Stickrahmen.

SO WIRD'S GEMACHT: Das Herz auf Pergamentpapier durchzeichnen und diagonal auf eine Ecke des Taschentuchs übertragen, wie auf Seite 9 beschrieben. Dann die Arbeit in den Stickrahmen spannen und mit geteiltem Faden (2fädig) zuerst mit kleinen dichten Schlingstichen die Konturen mit den Stegen, dann die drei mittleren Punkte als Rundlöcher (siehe Seite 116) arbeiten. Die restlichen Punkte im Plattstich (siehe Seite 96) sticken. Zum Schluß an den Schlingstichkanten unter den Stegen den Stoff vorsichtig mit einer spitzen Schere wegschneiden.

Ein Geschenk, das von Herzen kommt: Taschentuch mit Lochstickerei

Puppenkleid mit gesmokter Passe im Wabenmuster

8. KAPITEL

SMOKEN

SMOKEN

Die Smokstickerei wird über gleichmäßige Fältchen gearbeitet. Sie ist sehr dekorativ für Passen und Bündchen bei Kinderkleidern und bei weiten Sommerröcken. Geeignet sind alle dünnen Stoffe. Kleinkarierte, gewürfelte und gleichmäßig gepunktete Stoffe erleichtern die Arbeit, weil das Aufzeichnen der Hilfspunkte entfallen kann. Gestickt wird mit Sticktwist, Perlgarn oder dünnem Baumwollgarn.

SO ERRECHNET MAN DEN STOFFVERBRAUCH: Er richtet sich nach der Fältchentiefe. Im allgemeinen benötigt man die 3fache Stoffbreite. Für ein fertig gesmoktes Wabenmuster von 10 cm Breite braucht man 30 cm Stoff bei einem Pünktchenabstand von 1 cm. Auf die Stoffhöhe wirkt sich das Muster nicht aus.

VORARBEITEN ZUM STICKEN: Wenn das Muster großflächig werden soll, auf feinkariertem Papier mit Bleistift nach jedem Zentimeter in Breite und Höhe einen Punkt markieren. Feiner wird es, wenn die Abstände sich verringern, auf 0,6 cm oder 0,5 cm etwa. Das markierte Papier auf die linke Stoffseite legen, Schneiderkopierpapier dazwischenschieben (helles für dunklen Stoff, dunkles für hellen Stoff) und alles feststecken. Darauf achten, daß der Fadenlauf waagerecht und senkrecht parallel zu den Karolinien verläuft. Nun mit einem Kugelschreiber kräftig alle bezeichneten Punkte auf den Stoff durchdrücken. Wenn das Karopapier nicht so groß ist wie die Stofffläche, müssen Sie es in Höhe und Breite nochmals genau an die bereits gezeichneten Punkte anlegen und alles wiederholen. Die gepunktete Stofffläche mit umweltfreundlichem Fixativspray besprühen, damit nichts verwischt. Ist der Stoff kariert oder gepunktet, können Sie sich das Aufzeichnen der Punkte sparen: Benutzen Sie die Kreuzungspunkte der Karos oder die Punkte als Markierung.

STICKEN: Waagerecht Nähgarnfäden einziehen, dabei nur die Punkte erfassen

1

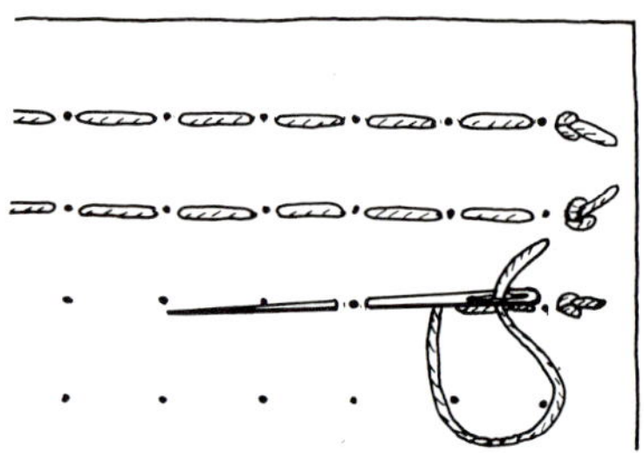

2

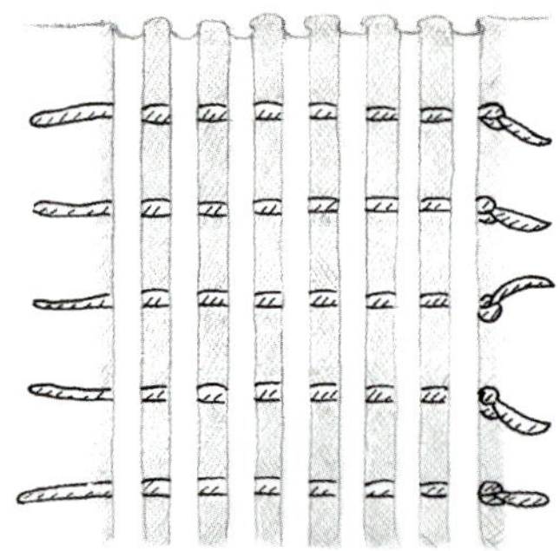

(Zeichnung 1). Dann den Stoff zusammenziehen. So entstehen die senkrechten Fältchen (Zeichnung 2). Damit sie gut beieinanderbleiben, können die Nähgarnfäden an einer Seite um eine Stecknadel gewickelt werden. Gestickt wird dann auf der rechten Stoffseite von links nach rechts.

Das Wabenmuster wird immer über zwei Reihen in einem Arbeitsgang gestickt. In der obersten Reihe links von der letzten Falte mit der Nadel ausstechen und die rechten beiden Falten mit zwei Stichen zusammennähen. Dann die Nadel unter der rechten Falte durchführen, eine Reihe tiefer wieder ausstechen, diese und die nächste rechte Falte wieder mit zwei Stichen zusammenfassen (Zeichnung 3), unterhalb der rechten Falte wieder nach oben stechen und den Stickvorgang Reihen für Reihen bis zur gewünschten Breite wiederholen.

Bei den Mustervorschlägen von Seite 132/133 wird nach dem Prinzip von Zeichnung 4 gearbeitet. Verschiedene Muster können mehrfach untereinander gestickt werden. Ihrer Kreativität sind keine Grenzen gesetzt! So kann zum Beispiel das Wabenmuster in Spitzen auslaufen. Andersfarbiges Stickgarn hebt die Smokarbeit hervor. Zum Schluß alle Nähgarnfäden ausziehen.

3

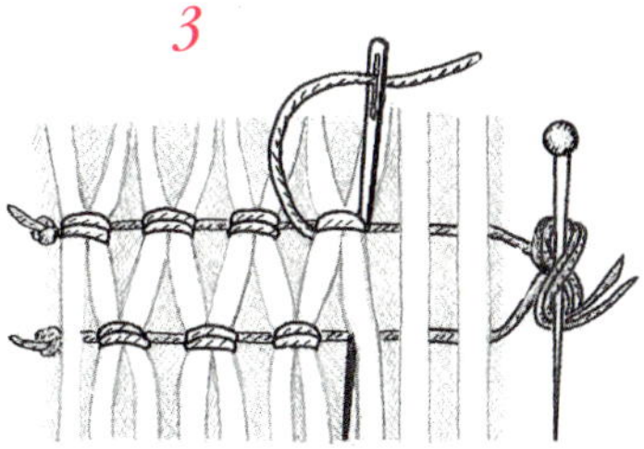

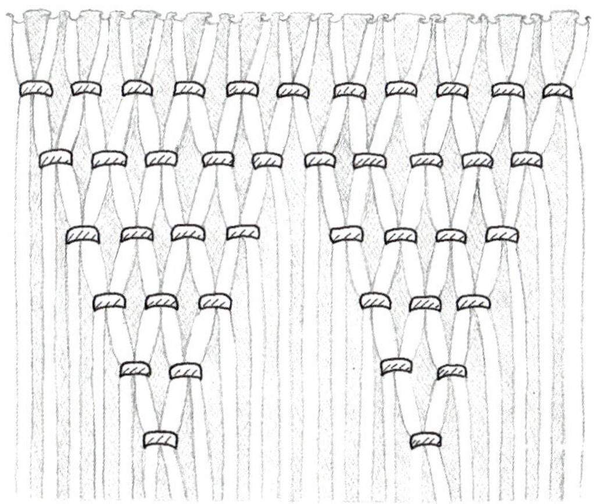

Wabenmuster

4

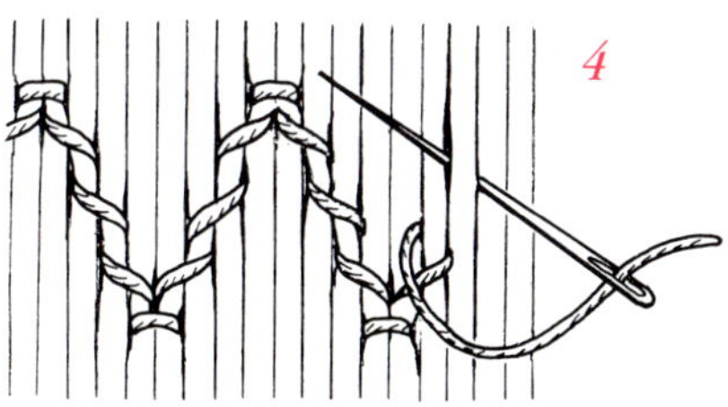

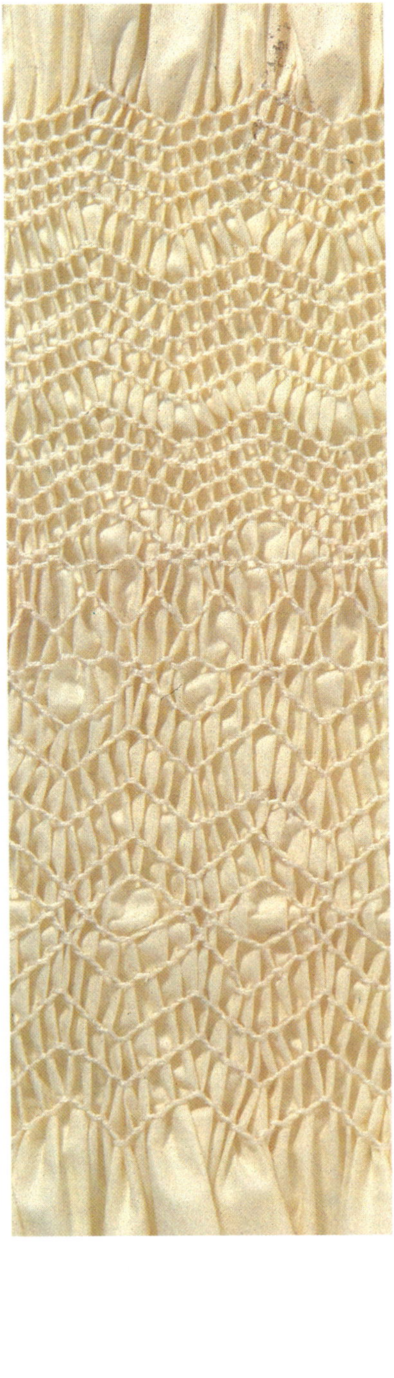

Glänzende Glücksbringer: Fische aus Perlen und Pailletten (Anleitung Seite 137)

9. KAPITEL

STICKEN MIT PERLEN

Steinen

Stäbchen

und

Pailletten

MIT PERLEN, STEINEN, STÄBCHEN UND PAILLETTEN STICKEN

Stickereien mit Perlen und Pailletten sind nicht nur der Abendgarderobe oder den abendlichen Accessoires vorbehalten. Sie können, sparsamer angewandt, auch einen Pullover oder eine Bluse schmücken. Besticken kann man alle Stoffe, ob uni oder gemustert. Bei einem schönen Muster, einem Blumendessin zum Beispiel, können Sie die Blütenränder durch Pailletten oder kleine Perlen besonders betonen. Gestickt wird oft in einem Stickrahmen, mit einer Perlnadel und doppeltem Nähgarn. Wie die Stäbchen, Steine, Perlen und Pailletten aufgenäht werden, ersehen Sie aus den Zeichnungen.

Sehr kleine Perlen mit Fangstich aufgenäht

Stein mit kleiner Perle aufgenäht

Paillette mit Perle aufgenäht

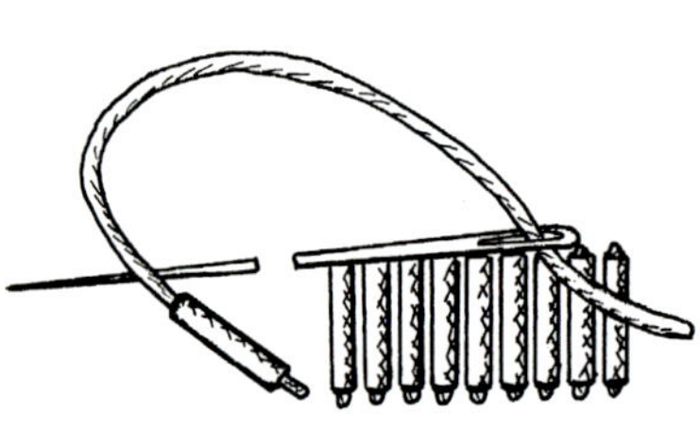

Stäbchen aufgenäht

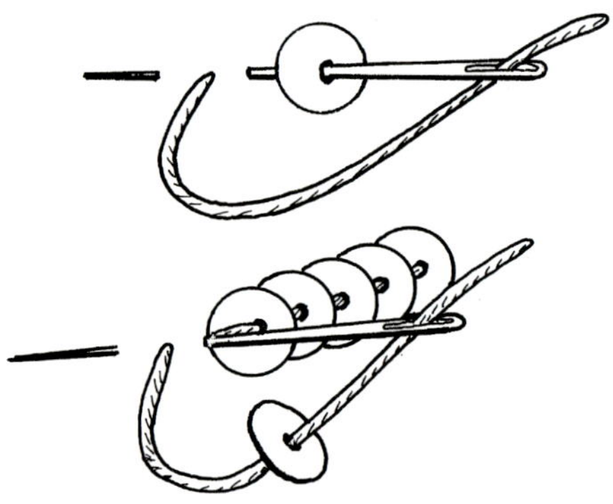

Pailletten schuppenförmig aufgenäht

GLITZERFISCHE

FOTO SEITE 134/135

MATERIAL: je Fisch 22 x 22 cm farbiger Filz; zum Besticken je Farbe 1 Döschen flache Pailletten oder Schüsselpailletten (6 mm Ø oder kleiner) für die Fischschuppen; eventuell kleine Perlen für Schwanz und Rückenflosse; Stäbchen zum Unterstreichen der Flächenaufteilung und zum Ausfüllen kleiner Flächen; farbige runde und ovale Aufnähsteine für Auge und Maul; Füllwatte; Nähgarn; Pergamentpapier.

SO WIRD'S GEMACHT: Den gewünschten Fischschnitt auf Pergamentpapier durchzeichnen, ausschneiden, 2mal mit 0,7 cm Nahtzugabe aus Filz zuschneiden und verstürzen. Dabei einen kleinen Schlitz zum Wenden offenlassen. Nun wenden, den Fisch fest mit Füllwatte ausstopfen und die Öffnung mit der Hand zunähen. Eine Flächenaufteilung nach dem Foto oder Ihrer Phantasie auf dem Pergamentschnitt ausprobieren. Dann mit einem weichen Bleistift diese Aufteilung auf eine Fischhälfte skizzieren. Nun die flachen Pailletten oder die Schüsselpailletten (mit der Wölbung nach oben) schuppenförmig auf den Fisch nähen. Schüsselpailletten (mit der Wölbung nach unten und einer kleinen Perle aufgenäht), Stäbchen oder kleine Perlen können auch die Schwanzflächen ausfüllen. Die Konturen mit Stäbchen oder kleinen Perlen unterstreichen. Je einen runden Stein als Auge und einen ovalen als Maul aufnähen.

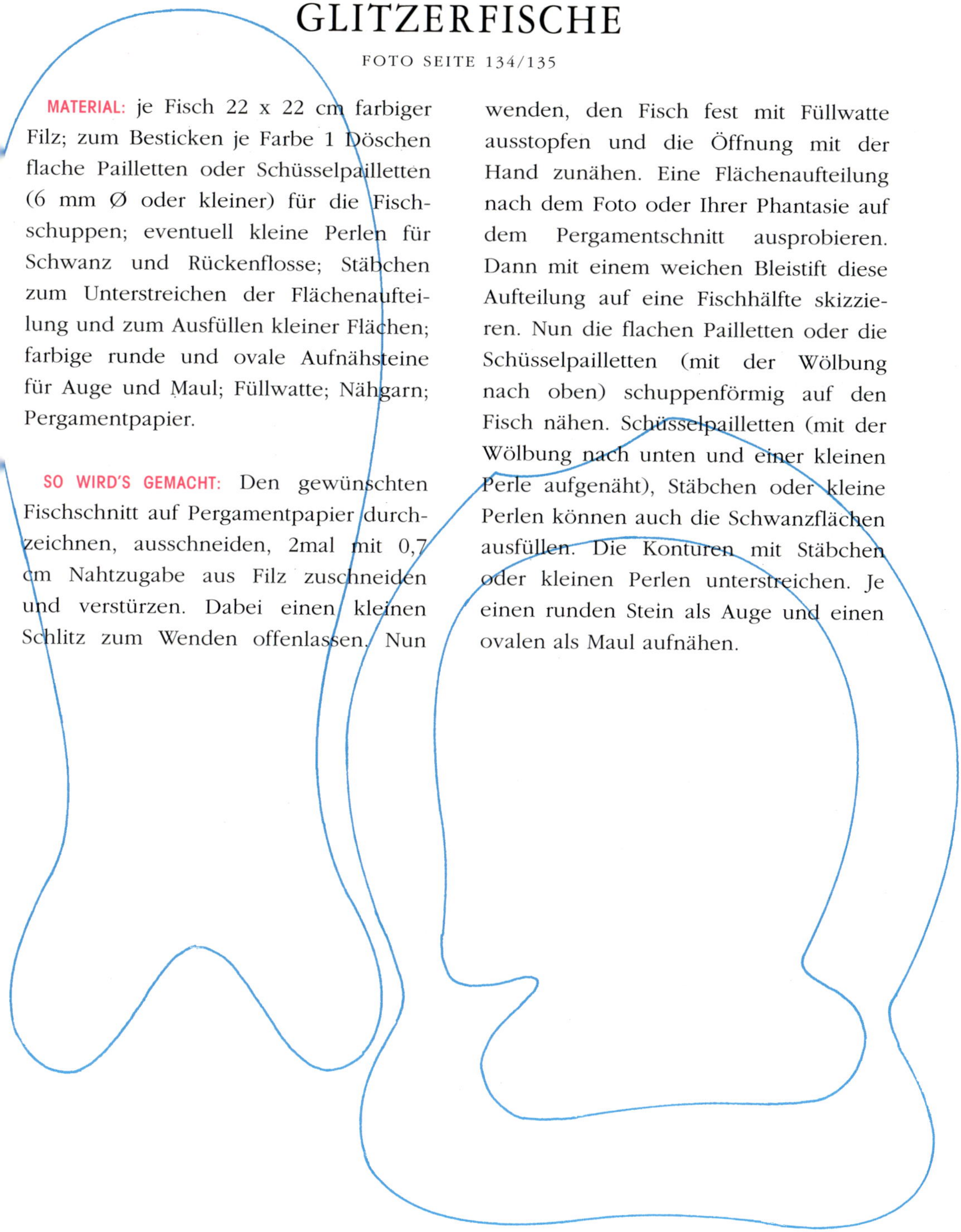

Schön für Schmucknadeln und Broschen: Kissen mit Initialen aus Perlen

SCHMUCKKISSEN

MATERIAL: 17 x 24 cm zyklamfarbene Seide; 1 Döschen ganz kleine blaue Perlen; 6 x 10 cm Organza; Füllwatte; Nähgarn; Pergamentpapier; Fixativspray.

SO WIRD'S GEMACHT: Das Schmuckkissen hat eine fertige Größe von 11 x 15 cm. Alle Schnittkanten der Seide versäubern und das Teil der Breite nach zur Hälfte legen. Nun gewünschtes Monogramm aus dem Alphabet von Seite 102/103 auf Pergamentpapier durchzeichnen und auf Organza übertragen (siehe Seite 9). Den Organza so auf den Stoff stecken, daß die fertige Stickerei später genau in der Mitte des Kissens sitzt, dabei eine 1 cm breite Nahtzugabe berechnen. Die Form der Buchstaben mit einer einfachen Perlenreihe nachsticken. Dafür auf die rechte Stoffseite durchstechen, nacheinander immer etwa 3 bis 5 Perlen auffädeln, der Form nach legen, die Nadel an der letzten Perle wieder in den Stoff stechen, zwischen der 2. oder 3. Perle wieder ausstechen und den Perlenfaden mit einem Fangstich festhalten. Das Teil verstürzen, dabei einen Schlitz zum Wenden offenlassen. Die Arbeit wenden, mit Füllwatte fest ausstopfen und die Öffnung mit der Hand zunähen. Auf die Bruchkante und ringsherum über die Naht eine Perlenreihe sticken.

GROSSES PAISLEYMUSTER

FOTO SEITE 140/141

MATERIAL: je 1 Döschen ganz kleine Perlen und Perlen 3 mm Ø, Pailletten 6 mm Ø mit farblich passenden ganz kleinen Perlen; 2 Döschen Stifte; Aufnähsteine in verschiedenen Formen, Farben und Größen: 18mal 9 x 9 mm, 12mal 7 x 7 mm, 5mal 11 mm Ø, 1mal 26 mm Ø, 4mal 20 mm lang (Tropfen), 1mal 25 mm lang (Tropfen), 3mal 18 mm lang (Rhomben), und 1 Docke Stickgarn, alles farblich passend zum verwendeten Stoff; 30 x 40 cm Organza; Pergamentpapier; Fixativspray; 1 großer Stickrahmen.

SO WIRD'S GEMACHT: Das Muster auf Pergamentpapier zeichnen und auf Organza übertragen (siehe Seite 9). Den Organza auf die gewünschte Stelle einer Bluse oder Jacke heften und alles in den Stickrahmen spannen. Zuerst die Zickzacklinien im Kettstich (siehe Seite 66) arbeiten, dann die Steine, Pailletten, kleinen Perlen und Stäbchen aufsticken wie aus der Zeichnung ersichtlich. Zum Schluß den Organza rund um die Stickerei abschneiden und restliche Fäden mit einer Pinzette auszupfen.

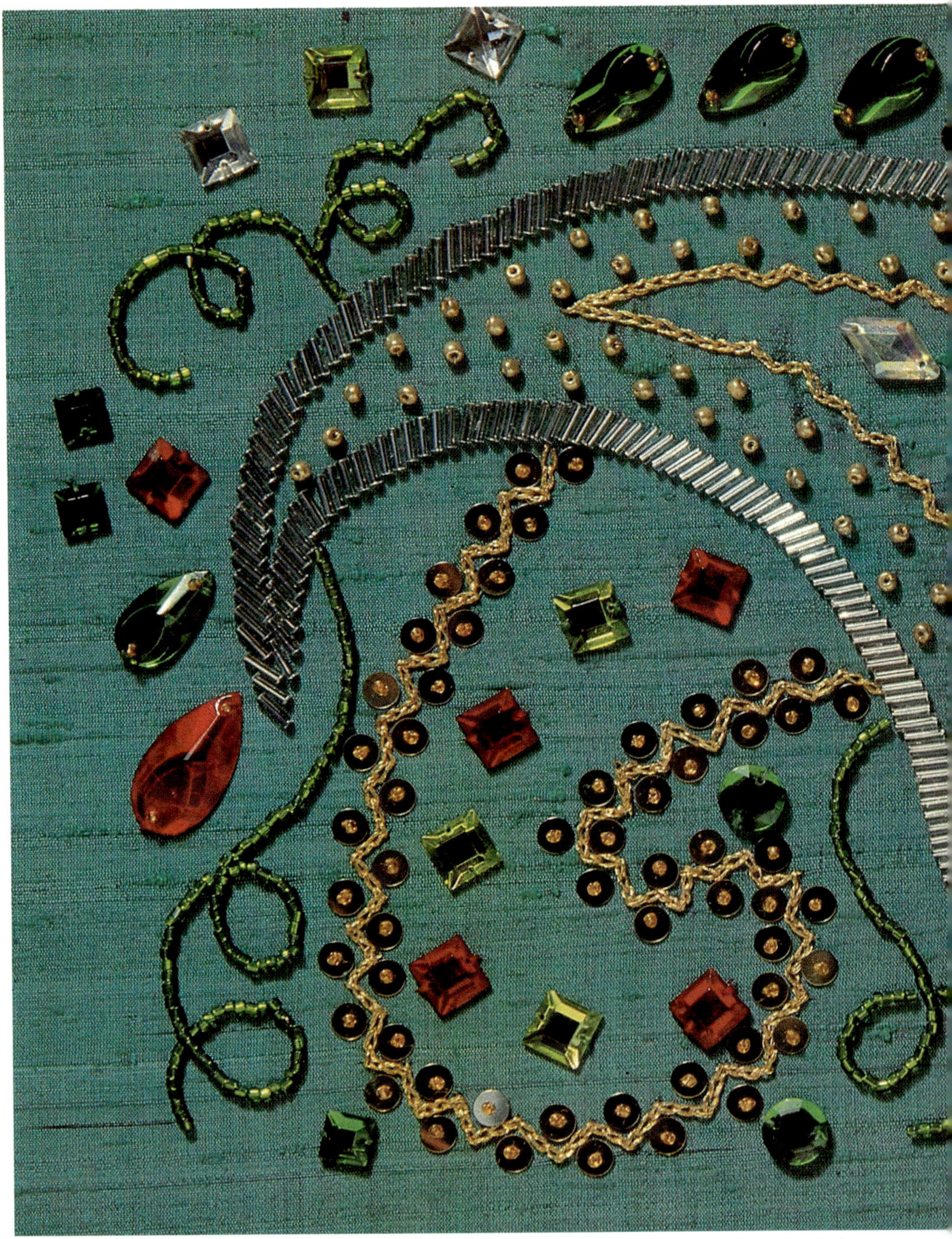

Dieses Paisleymuster aus Perlen und Steinen macht eine Jacke zum Prunkstück

CHINESISCHES PAILLETTENMOTIV

MATERIAL: je Farbe 1 Döschen Schüsselpailletten (5 mm Ø) in Rot, Grün und Blau und ganz kleine Perlen in Gelb, Rot, Grün und Blau (diese Farben sind auf schwarzer Seide sehr wirkungsvoll); Nähgarn; Pergamentpapier; Fixativspray.

SO WIRD'S GEMACHT: Das Motiv auf Pergamentpapier durchzeichnen und auf die gewünschte Stelle einer Bluse, eines Schals oder einer Tasche übertragen, wie auf Seite 9 beschrieben. Nun die Schüsselpailletten schuppenförmig aufsticken und die Flächen ausfüllen: die Hose und den Bluseneinsatz in Blau, die Bluse in Grün, den Hut und die Kreise links und rechts in Rot. Zwischen die doppelten Linien eine Reihe kleine Perlen sticken. Dafür auf die rechte Stoffseite durchstechen, nacheinander immer etwa 3 bis 5 kleine Perlen auffädeln, der Kontur nach legen, die Nadel an der letzten Perle wieder in den Stoff stechen, zwischen der 2. oder 3. Perle wieder ausstechen und den Perlenfaden mit einem Fangstich festhalten. So die Kontur der Hose und des Kopfes in Blau, die der Bluse mit dem Ausschnitt in Grün, des Hutes und über den Armen in Rot sticken. Die Fläche des Gesichts mit gelben Perlen ausfüllen wie vorher beschrieben. Dabei bekommen die Augen und der Mund blaue Perlen. Die Schuhe mit roten Perlen besticken.

Chinesisches Paillettenmotiv für Tasche, Schal oder Bluse

Diese Decke mit applizierten Kühen ist wunderschön fürs Kinderbettchen (Anleitung S.

10. KAPITEL

PATCHWORK

Applizieren

Quilten

PATCHWORK

Patchwork wurde zur Volkskunst, vor allem in den USA. Man entwickelte viele grafische Muster, zum Beispiel dieses Sternenmotiv. Es gibt keine Vorschriften, wie Sie Ihr Werk aus kleinen Resten zusammennähen. Ihrer Phantasie sind keine Grenzen gesetzt. Sie brauchen viele Stoffreste, Nähgarn und eine Musterschablone. Zuerst sollten Sie das Material sichten und überlegen, welche Farbzusammenstellung Sie wählen. Dann aus festem Papier sehr genau Schablonen ausschneiden: für ein 35 x 35 cm großes Quadrat mit einem Stern jeweils 32 Rhomben, 4 Quadrate und 4 Dreiecke. Dann die Schablonen auf den Stoff stecken (Zeichnung 1) und alle Teile mit 7 mm Nahtzugabe ausschneiden. Die Nahtzugaben über die Schablonen nach

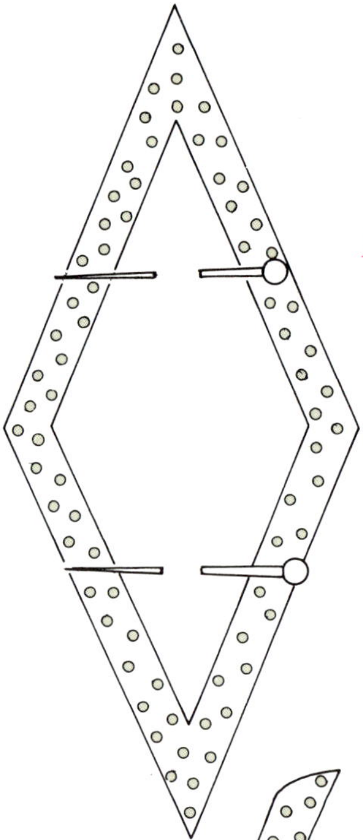

1

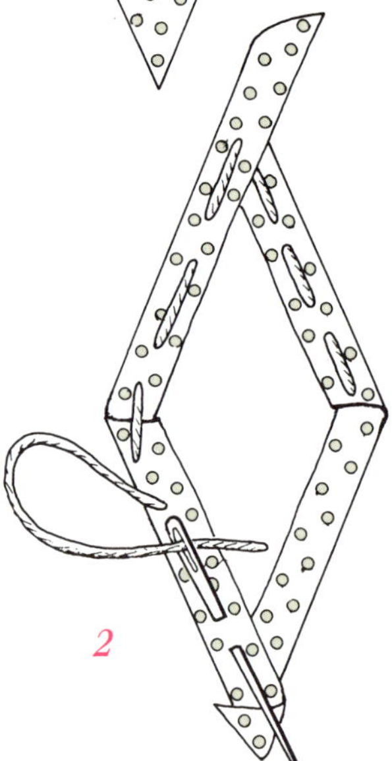

2

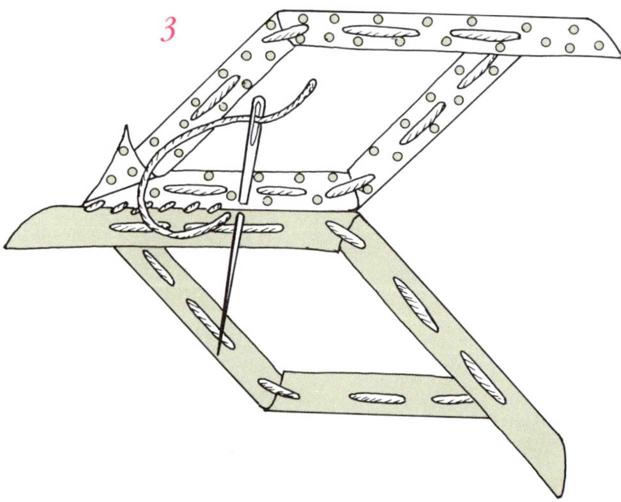

3

Klassisches Patchworkmuster: Aus vielen Sternen wird eine prachtvolle Decke

hinten biegen und festheften (Zeichnung 2). Nun mit überwendlichen Stichen alle Teile zusammennähen (Schema und Zeichnung 3). Zum Schluß die Heftfäden herausziehen, die Schablonen entfernen und alles bügeln. Mehrere Sternquadrate zusammen ergeben eine Decke, die man mit Füllvlies unterlegen und abfüttern kann. Aber auch viele Rhomben, von einem Mittelpunkt aus aneinandergesetzt, ergeben eine schöne Patchworkarbeit.

Musterschablonen

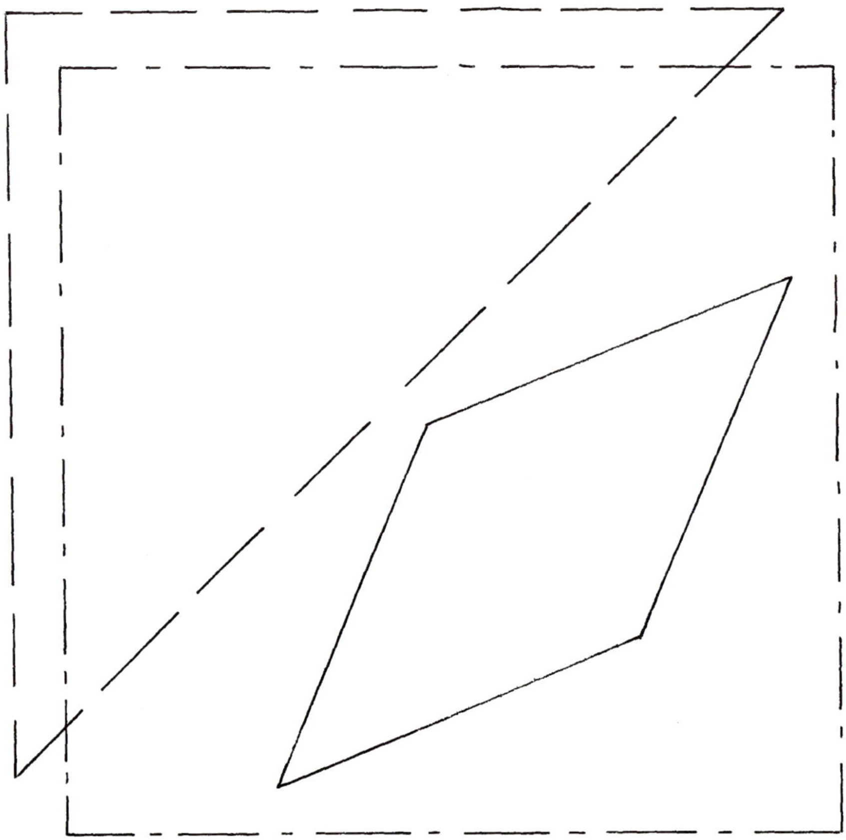

BABYDECKE MIT APPLIKATIONEN

FOTO SEITE 146/147

MATERIAL: 2,10 m feiner weißer und 0,80 m grober weißer Waffelpiqué; 1,20 m Füllvlies, alles 100 cm breit; 0,50 m dünnes doppelseitig klebendes Vlies, 90 cm breit; 20 verschieden gemusterte Baumwollreste, alle 12 x 16 cm groß; weißes Näh- und Quiltgarn.

SO WIRD'S GEMACHT: Die fertige Decke ist 0,92 x 1,12 m groß. Dafür aus dem feinen Waffelpiqué zwei Teile genau nach diesen Maßen zuschneiden. Mit Heftfäden auf einem der beiden Teile die Einteilung nach dem Schema markieren. Nun die Kuh 20mal auf die Papierseite des Klebevlieses mit Bleistift durchzeichnen, alle Vliesteile ausschneiden. Mit Resten eine Bügelprobe machen, dann jeweils eine Kuh auf die linke Seite der gemusterten Stoffe aufbügeln. Jedes Motiv mit 6 mm Nahtzugabe aus dem Baumwollstoff ausschneiden, die Ecken einschneiden, damit sie sich gut nach innen legen und die Nahtzugabe nach links bügeln. Jetzt erst das Papier vom Klebevlies abziehen und auf jede Mitte eines Quadrats eine Kuh bügeln: mit dem Bügeleisen die Mitte des Tieres aufbügeln und die Kanten mit Stecknadeln feststecken. Nun mit kleinen Stichen jede Kuh rundherum annähen und alles bügeln. Zum Schluß zwischen die beiden Teile aus feinem Waffelpiqué Füllvlies legen und dicht neben den Heftfäden mit Quiltgarn und kleinen Vorstichen (siehe Seite 12) durch alle Teile nähen. Die Heftfäden herausziehen. Nun den groben Waffelpiqué in 16 cm breite Streifen schneiden und die Decke ringsherum an der äußeren Stepplinie 6 cm breit einfassen, dabei an den Ecken Briefecken (siehe Seite 108). arbeiten. Sollte der Rand zu dick werden, kann der feine Piqué (nicht das Vlies) bis auf eine Nahtzugabe abgeschnitten werden.

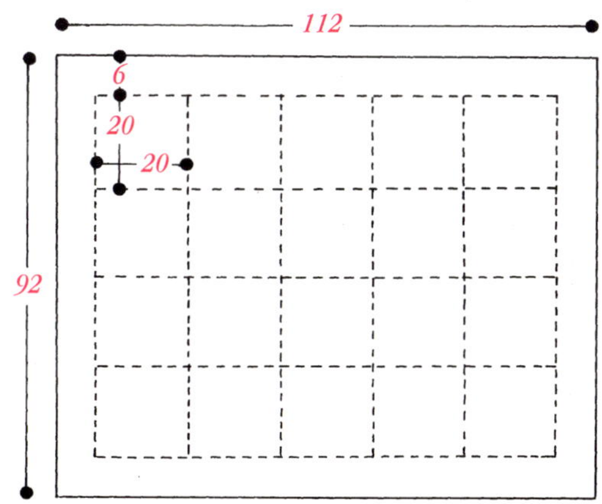

SCHUHBEUTEL

MATERIAL: 0,30 m schwarz-weiß karierter Baumwollstoff, 90 cm breit; Seidenstoffreste in Pink, Rot und Schwarz; 16 x 25 cm dünnes, doppelseitig klebendes Vlies; 2 m dünne schwarze Kordel; Nähgarn in den Farben der Stoffe.

SO WIRD'S GEMACHT: Der Schuhbeutel hat eine fertige Größe von 27 x 42 cm. Dafür alle Schnittkanten des karierten Stoffes versäubern und ihn der Breite nach links auf links zur Hälfte legen. Nun den Schuh ohne die Schuhkantenverzierung auf die Papierseite des Klebevlieses mit Bleistift durchzeichnen, dann noch einmal nur die Verzierung. Alles ausschneiden und den Absatz des Schuhs abschneiden. Mit Resten eine Bügelprobe machen. Die Teile jeweils auf die linke Seite der Seidenstoffe

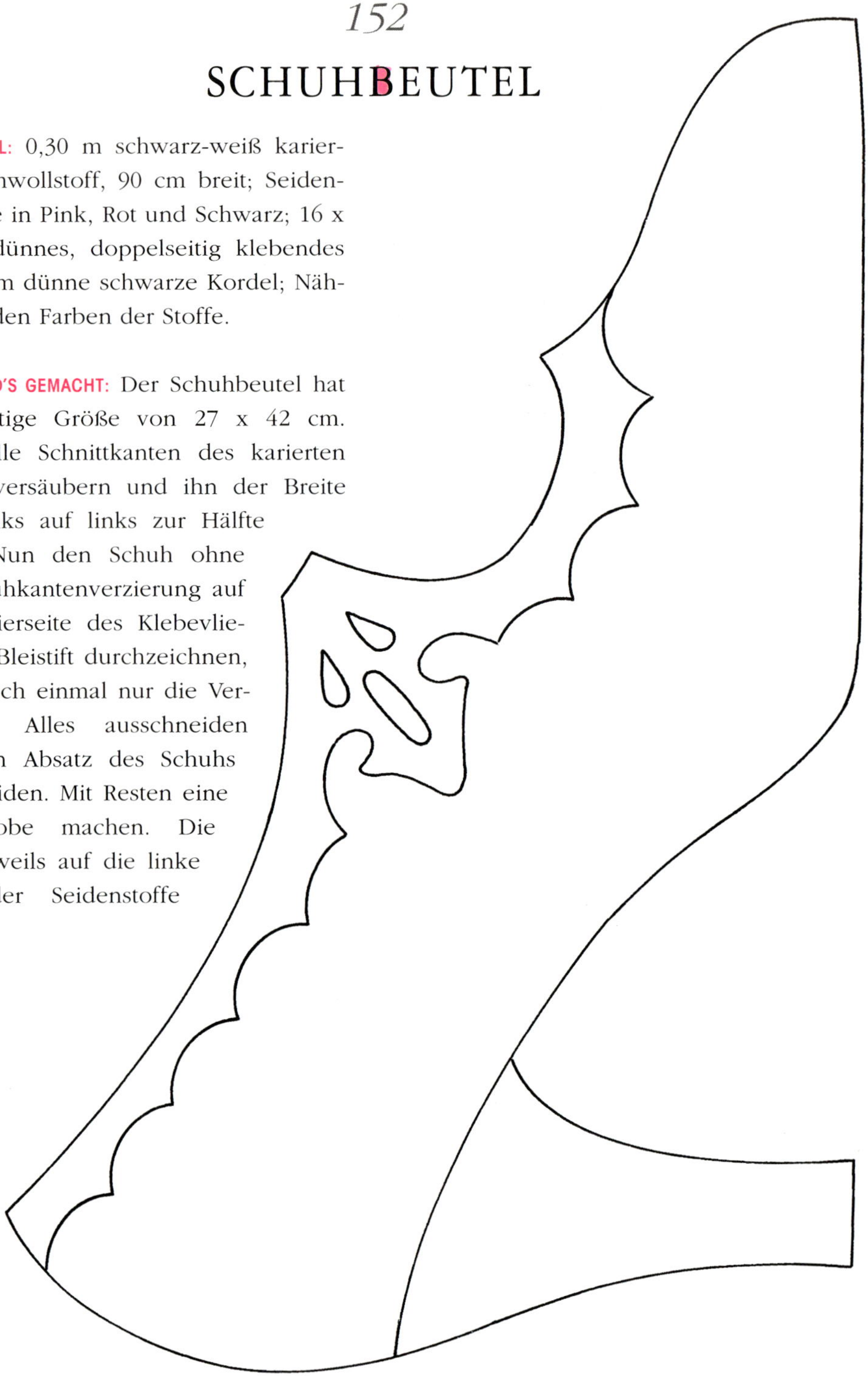

So können Schuhe auf Reisen gehen: Beutel mit Applikation

aufbügeln, d. h. den Schuh auf die pinkfarbene, den Absatz auf die schwarze und die Verzierung auf die rote Seide. Dann jedes Teil mit 6 mm breiter Nahtzugabe ausschneiden. Die Ecken einschneiden, damit sie sich gut nach innen legen. Die Nahtzugabe nach links bügeln. Jetzt erst das Papier vom Vlies abziehen und den Schuh genau auf die Mitte und 7 cm von der Bruchkante entfernt auf die eine Seite des karierten Stoffes bügeln. Zuerst den Absatz, dann das pinkfarbene Teil und darauf die Verzierung: Mit dem Bügeleisen jeweils vorsichtig die Mitte aufbügeln und die Kanten mit Stecknadeln feststecken. Nun mit kleinen Stichen rundherum alles annähen. Bei dem durchbrochenen Teil der Verzierung muß besonders sorgfältig gearbeitet werden. Zum Schluß die Seitennähte mit 1,5 cm breiter Nahtzugabe steppen und auseinanderbügeln. Für den Durchzug die obere Kante des Beutels erst 1 cm, dann 2 cm breit nach innen einschlagen und knappkantig feststeppen. Die Seitennähte außen am Durchzug etwas auftrennen. Die Kordel in der Mitte durchschneiden, von jeder Seitennaht aus eine Hälfte einziehen und zusammenknoten.

„CRAZY-QUILTS"

So haben amerikanische Siedlerfrauen diese Art Patchwork genannt. Stoffreste aus der großen Flickenkiste, zum Beispiel Seide, Samt, Lurex, Brokat, bunte und unifarbene Stoffe werden unregelmäßig zusammengenäht, mit vielen verschiedenen Stickstichen auf dem Untergrund festgehalten und mit Borten oder Schmucksteinen benäht. Eine sehr kreative Arbeit, bei der es nicht auf genaues Nähen ankommt. Der Reiz liegt in der Kombination der Details.

Die bunten und unifarbenen Stoffe in Stücke von ca. 4 x 7 cm bis 12 x 18 cm Größe zuschneiden, neben- und übereinander auf Füllvlies anordnen, feststecken bzw. festheften. Dabei darauf achten, daß alle Teile um jeweils Nahtbreite übereinanderliegen. Mit dem obenliegenden Stoffteil beginnen, es nahtbreit einschlagen und mit passender Nähseide durch alle Lagen hindurch mit kleinen Stichen festnähen. Stück für Stück weiterarbeiten bis alle aufgesteckten Flicken aufgenäht sind. Danach schmückt man die Nähte mit unterschiedlichen Zierstichen wie Hexenstich, Margeritenstich, Fischgrätenstich oder Kettstich, bestickt sie mit Perlen, Pailletten oder bunten Steinen und näht Borten oder Litze darauf. Dabei wieder durch alle Stofflagen stechen. Auf diese Art entstehen ganz besondere Kissenbezüge oder Decken.

Crazy-Quilt: Die Effekte ergeben sich aus der „verrückten“ Zusammenstellung des vorhandenen Materials

QUILTEN

Auch eine Spezialität der amerikanischen Siedler: das Quilten von Mustern. Drei oder mehrere Stofflagen wurden in Mustern zusammengesteppt. Das ergab dann vor allem dicke wärmende Decken. Am besten eignen sich glatte Stoffe, zum Beispiel aus Baumwolle, Leinen oder Seide. Außerdem braucht man noch Füllvlies, Quiltgarn (dünnes, sehr festes Garn) und 1 Quiltnadel (kurze Nadel). Aus dem Blatt von Seite 158 wird von einem Mittelpunkt aus eine Blüte auf Pergamentpapier aufgezeichnet: Die Zeichnung auf die rechte Seite des Stoffes legen, helles Schneiderkopierpapier dazwischenschieben und mit kleinen Strichen sehr vorsichtig das Muster auf den Stoff durchzeichnen (Zeichnung 1). Den bezeichneten Stoff mit Füllvlies und darunter mit einem anderen Stoff unterlegen und alles kreuz und quer zusammenheften. Dann mit kleinen gleichmäßigen Vorstichen (siehe Seite 12) entlang der aufgezeichneten Linien durch alle Stofflagen stechen (Zeichnung 2). Den Endknoten des Quiltfadens versteckt man dabei zwischen den Stofflagen. Zum Schluß alle Heftfäden entfernen. Viele Quiltblüten, dicht aneinandergesetzt, ergeben ein dekoratives, flächenfüllendes Muster.

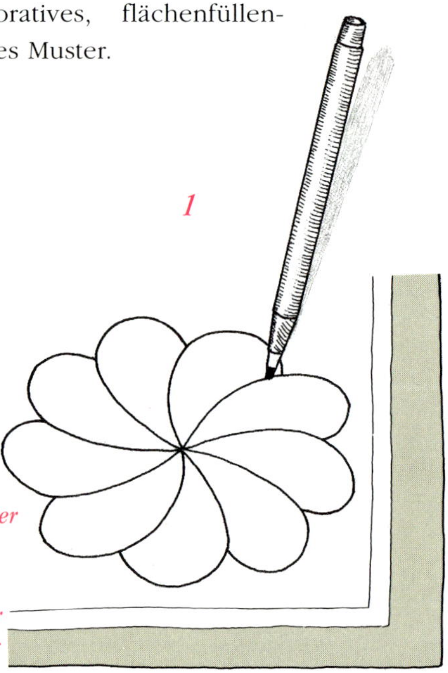

1

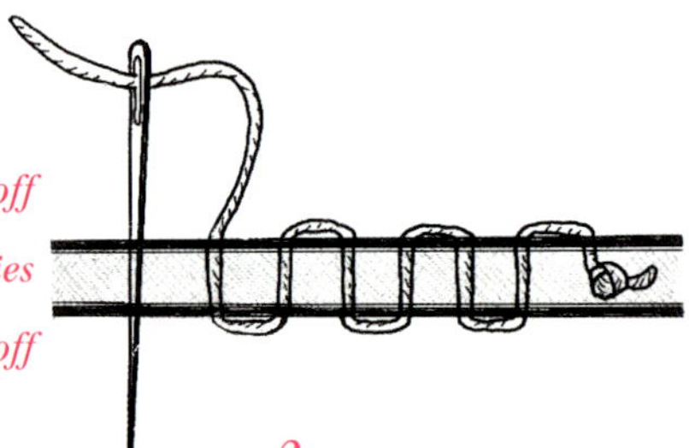

2

Gequiltete Schmuckstücke fürs Bett: Nackenrolle und Herzkissen (Anleitungen S. 158)

HERZKISSEN

FOTO SEITE 157

MATERIAL: 0,45 m beigefarbige Seidenduchesse, 90 cm breit; je 45 x 45 cm weißer Baumwollstoff und Füllvlies; farblich passendes Quilt- und Nähgarn; Pergamentpapier; Schneiderkopierpapier; eine Herzkissenfüllung (34 cm hoch).

SO WIRD'S GEMACHT: Nach der gekauften Kissenfüllung einen Pergamentpapierschnitt anfertigen. Der Länge nach zur Hälfte legen und kontrollieren, ob die Herzhälften gleich sind. Auf eine Hälfte 7 cm von der Außenkante entfernt eine Hilfslinie zeichnen. Entlang dieser Linie nach außen die Blattform schuppenförmig anordnen (siehe Foto), dabei an der Spitze beginnen. Das Muster auf die andere Schnitthälfte durchzeichnen. Nach diesem Herzschnitt alles mit 4 cm Nahtzugabe zuschneiden: die Seide 2mal, das Füllvlies und den Baumwollstoff je 1mal. Jetzt die Zeichnung auf die rechte Stoffseite eines Seidenherzens legen, helles Schneiderkopierpapier dazwischenschieben und mit kleinen Strichen sehr vorsichtig das Muster auf den Stoff übertragen. Nun darunter zuerst das Herz aus Füllvlies und darunter das aus Baumwollstoff legen. Alles kreuz und quer zusammenheften. Mit kleinen gleichmäßigen Vorstichen (siehe Seite 12) entlang der aufgezeichneten Linien durch alle Stofflagen stechen. Die beiden Kissenhälften rechts auf rechts aufeinanderlegen, den Schnitt nochmals auflegen, dabei darauf achten, daß die Musterzeichnung mit den gequilteten Linien übereinstimmt. Die Schnittkanten markieren und die Herzform verstürzen, dabei eine Öffnung zum Wenden und Füllen offenlassen. Vor dem Wenden die Nahtzugabe auf 1,5 cm zurückschneiden. Das Herzkissen beziehen, die Öffnung mit der Hand schließen und alle Heftfäden entfernen.

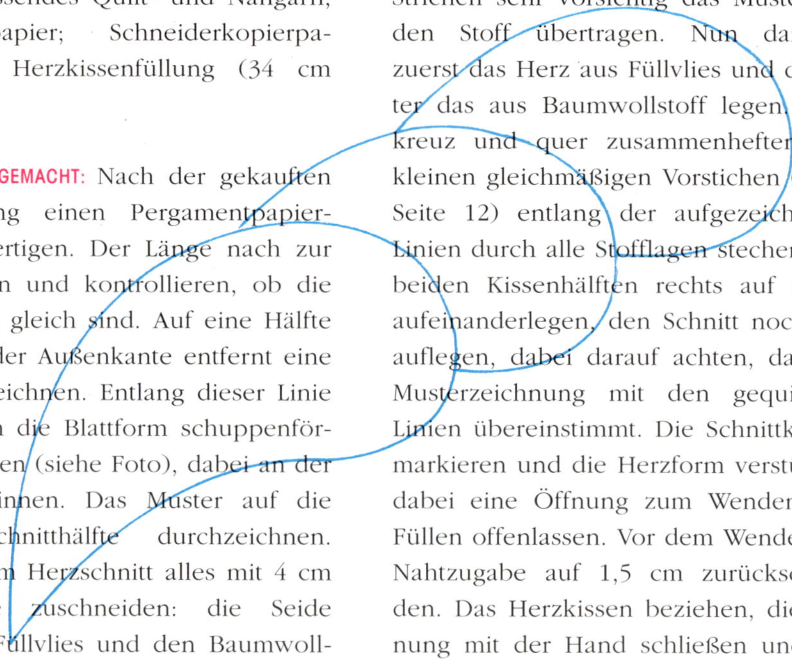

NACKENROLLE

FOTO SEITE 157

MATERIAL: je 0,60 m grüne Seidenduchesse und weißer Baumwollstoff, 90 cm breit; 0,60 m Füllvlies, 100 cm breit; farblich passendes Quilt- und Nähgarn; 0,50 m dünnes Gummiband; Schneiderkopierpapier; Pergamentpapier; 1 Schaumstoffrolle (40 cm lang, 13 cm Ø).

SO WIRD'S GEMACHT: Seide, Baumwollstoff und Füllvlies auf jeweils 60 x 65 cm zuschneiden. Die Muster 1, 2, und 3 mit 6 cm Abstand voneinander in gleicher Anfangshöhe auf Pergamentpapier durchzeichnen. Dabei jeden Rapport fortlaufend wiederholen, bis die Muster eine Länge von 60 cm haben und genau auf die Stoffbreite passen. Die Zeichnung auf die rechte Stoffseite der Seide legen (Mittelborte auf Stoffmitte), helles Schneiderkopierpapier dazwischenschieben und mit kleinen Strichen sehr vorsichtig die Muster auf den Stoff übertragen. Jetzt die Seide mit Füllvlies und darunter mit Baumwollstoff unterlegen und alles kreuz und quer zusammenheften. Mit kleinen gleichmäßigen Vorstichen (siehe Seite 12) entlang der aufgezeichneten Linien durch alle Stofflagen stechen. Zum Schluß die Arbeit, dem Rollenumfang entsprechend, zum Schlauch zusammennähen. Die Enden erst 1 cm, dann 2,5 cm einschlagen und für die Durchzüge knappkantig feststeppen, dabei eine kleine Öffnung lassen. (Das Füllvlies und den Baumwollstoff vorher etwas zurückschneiden.) Alle Heftfäden entfernen, dann jeweils die Hälfte des Gummibands in die Durchzüge einziehen.

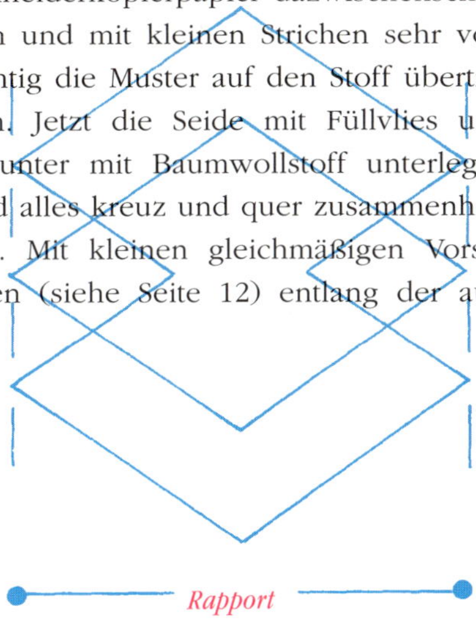

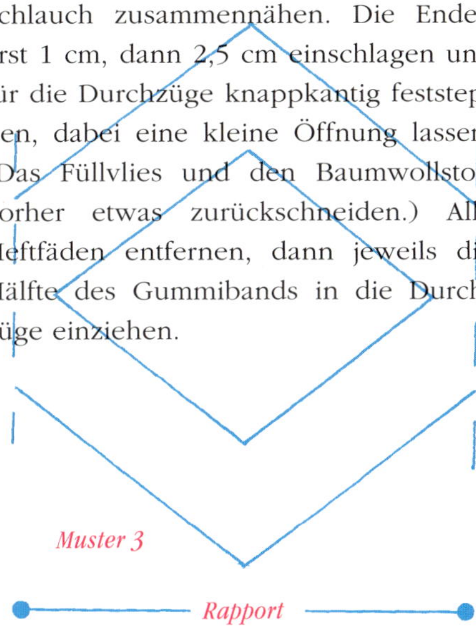

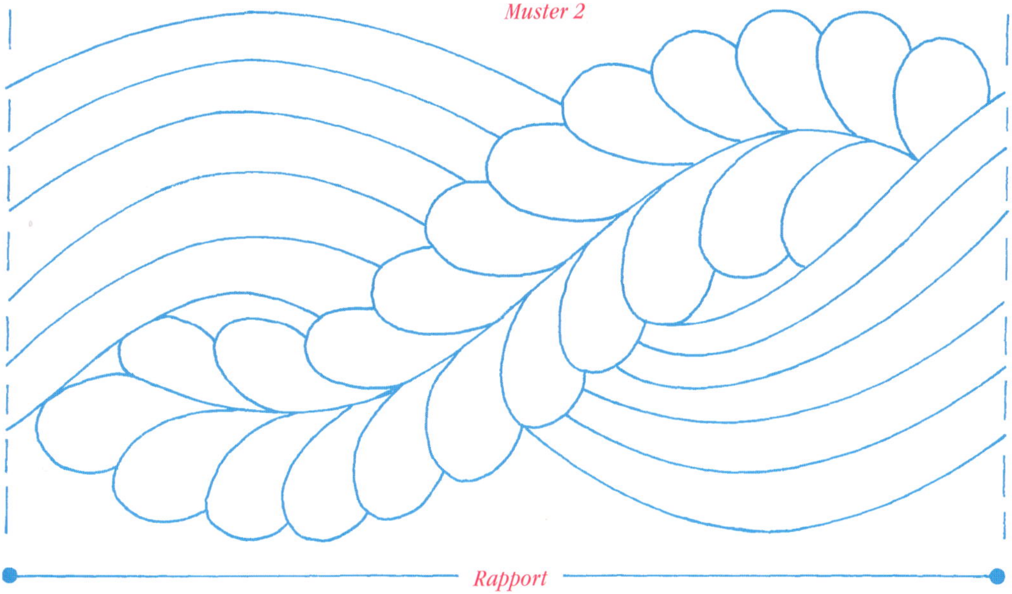

Brigitte-Themen als Brigitte-Bücher